Thierry PASTOR

Dans l'ombre des titans

Collection Argos

1

Thierry Pastor : diplômé en droit et en sciences politiques, il exerce depuis une quinzaine d'années en qualité de conseiller politique. Initialement formé aux métiers du politique, il s'est spécialisé autour des thématiques de la géopolitique de l'énergie et de la sécurité globale. Il a travaillé dans plusieurs régions du monde, essentiellement en Europe de l'Est et en Asie. Il est le co-auteur de plusieurs livres consacrés à la géopolitique de l'énergie, ouvrages rédigés avec le concours d'enseignants universitaires, de juristes ou encore de spécialistes en intelligence économique. Il travaille en collaboration avec plusieurs personnes aux compétences variées : systèmes d'information, technologie blockchain en incluant les cryptomonnaies, les NFT ou encore les métavers. Grâce à ces expertises extérieures, ces livres ont vu le jour.

TABLE DES MATIERES

Avant-propos

L'union fait la force. C'est à partir de ce postulat que nous avons décidé d'agréger nos compétences et de construire nos analyses. Avec des formations professionnelles et des expériences de vie différentes, nous sommes arrivés à la conclusion qu'il nous fallait travailler ensemble car bien qu'en apparence nous ne venions pas de mondes semblables, nous avons constaté de nombreux liens. Rien n'est le fruit du hasard. D'un côté, les scientifiques : ingénieurs , programmeurs, précurseurs de la blockchain et fins connaisseurs des cryptomonnaies. De l'autre, le conseiller politique, spécialiste d'analyse politique, de géopolitique de l'énergie et des enjeux de sécurité globale. Deux mondes apparemment différents. Et pourtant, une évidence s'imposait : nos compétences respectives étaient définitivement complémentaires.

Nous avons remarqué que ce qui nous paraît évident ou simple à comprendre ne l'est pas pour le plus grand nombre. Rares sont ceux capables de coder, crypter et développer des programmes informatiques. Rares sont également ceux capables de déchiffrer les interconnexions, les tenants et les aboutissants qui permettent de comprendre des événements pour lesquels le plus grand nombre n'aura finalement qu'une compréhension limitée. N'y voyez aucune prétention mal placée ! En vérité, nous avons tous accès à beaucoup de choses mais nous donne-t-on les moyens de les comprendre ? Nous partons du postulat que la réponse est négative.

Grâce à internet, chacun a accès à un flux considérable d'informations. Encore faut-il pouvoir les sélectionner, les trier et discerner celles qui procurent au lecteur une vraie compréhension des choses. Il n'y a qu'à voir toutes les incertitudes qui pèsent autour de la crise sanitaire de la Covid-19, les informations en masse qui se contredisent et pour lesquelles de nombreuses zones d'ombre subsistent. Notre travail consiste à essayer de comprendre ce qu'il se passe autour de nous : décrypter, comprendre et expliquer. Notre objectif, en toute humilité, est d'essayer d'apporter un éclairage sur des thématiques politiques, économiques, historiques, technologiques ou autres qui vous permettront d'avoir une autre vision du monde qui vous entoure.

Parmi les thèmes que nous aborderons, vous retrouverez la blockchain, les cryptomonnaies, les enjeux énergétiques, l'évolution des relations internationales et les jeux de pouvoir, l'apparition de la finance verte ou encore les critères ESG. La liste des thèmes abordés n'est pas exhaustive. Cependant, TOUT est lié ! Nous essayons de mettre en lumière les passerelles qui lient ces éléments qui pourtant semblent indépendants les uns des autres. Il ne faut jamais se fier aux apparences, qui plus est dans un monde aussi globalisé et encore plus connecté au gré des progrès technologiques.

Notre méthodologie est la suivante : toutes nos publications sont datées. Des éléments factuels ou ponctuels peuvent paraître obsolètes. Certes… mais ils ont mérite de contextualiser la réflexion que nous développons. L'objectif est surtout d'identifier des tendances, celles qui ont des chances de s'inscrire dans le temps. Le monde de l'analyse n'est définitivement pas une science exacte, à plus forte raison lorsqu'il s'exprime sur des disciplines aussi variables et fluctuantes que la politique ou les relations internationales. Nous pouvons donc nous tromper. En revanche, nous nous efforçons d'argumenter nos propos. Nous pouvons toutefois vous affirmer ceci : le monde est en perpétuelle évolution… et tout se réalise à une vitesse vertigineuse. La vérité du jour n'est plus forcément celle du lendemain. Il faut donc vivre avec son temps et comprendre les causes de ces évolutions. C'est à partir de cette compréhension que vous cernerez mieux l'actualité et ce qui vous entoure.

Nos livres compilent des réflexions portant sur différentes thématiques dont certaines reviennent avec insistance. Dans pareil cas, cela signifie que nous leur accordons une importance de premier plan. Elles constituent à nos yeux un facteur majeur de l'évolution des relations internationales, des technologies et plus généralement des grandes tendances qui sont en train de se mettre en place. C'est par ailleurs ce dernier point qui retient le plus notre attention : nous constatons que des choses voient le jour tandis que nous n'en comprenons pas bien les mécanismes. Pourtant, tout est fait pour qu'un nouveau vocabulaire soit diffusé sans que pour autant il soit explicitement défini ou qu'on en comprenne véritablement les enjeux inhérents. C'est ce que nous essayons de faire. Blockchain, cryptomonnaies, smart cities et autres concepts à la mode demeurent relativement nébuleux. Ils s'emboitent pourtant parfaitement dans une évolution politique, diplomatique, économique et plus globalement sociétale que nous vivons à très grande vitesse. Le puzzle est grand. Il appartient à chacun de regrouper les pièces qui le composent et de les assembler.

Thierry

Vers un nouvel ordre mondial ?
Septembre 2021

Le départ tumultueux des Occidentaux d'Afghanistan sous l'étroite surveillance des Talibans, de retour en force dans Kaboul, est une image qui restera associée à une nouvelle géopolitique de l'Asie centrale en train de se mettre en place. Bien qu'ils n'aient jamais véritablement disparu du paysage afghan depuis leur départ du pouvoir en 2001, le scénario tant redouté s'est finalement produit : après vingt longues années de présence dans le pays, les forces coalisées le quittent dans des conditions inattendues. Elles sont effectivement inattendues car personne ne s'attendait à ce que les Talibans arrivent aussi rapidement et facilement aux portes de la capitale. La réaction immédiate de nombreux Afghans se précipitant vers l'aéroport de la ville dans l'espoir de pouvoir quitter au plus vite leur terre natale est frappante. L'espoir d'un départ définitif leur était la seule perspective de ne plus connaître à nouveau un régime politique extrêmement strict tel que celui qui fut imposé par les Talibans entre 1996 et 2001.

Au-delà du drame humain qui semble se préciser et se confirmer de jour en jour avec les nouveaux maîtres du pays, ces derniers ne paraissant pas mettre en œuvre ce qu'ils avaient pourtant promis lors de le retour à Kaboul, le départ chaotique des étrangers et des Afghans ayant collaboré avec des puissances occidentales met en lumière une réalité : l'intervention armée a été un échec retentissant. En 2001, elle fit partir les Talibans et laissa augurer une nouvelle ère devant tendre vers une paix sociale qui ne survint jamais. Les Talibans se réfugièrent dans des zones montagneuses et faiblement peuplées. Ils parvinrent à conserver le contrôle sur certaines régions. Ils ne disparurent jamais du paysage afghan.

Dès les années 2000, des débats animèrent les nouveaux dirigeants nationaux, certains évoquant l'option de parlementer avec une frange plus modérée de Talibans. Cette perspective ne fut jamais retenue par les puissances occidentales pour qui une association talibane au pouvoir afghan était inenvisageable. Deux décennies après la première intervention armée, le départ des Occidentaux ne marque pas seulement la fin d'une mission militaire inachevée. L'image forte des Talibans contrôlant toutes les voies d'accès à la seule porte de sortie des Afghans est surtout révélatrice d'une débâcle aux allures de camouflet pour les Etats-Unis et l'OTAN. Le fait que les Talibans refusent d'accorder des autorisations allant au-delà du 31 août 2021 pour les évacuations des étrangers et des Afghans désireux de quitter le pays constitue le paroxysme d'une humiliation qui met en relief les limites d'une intervention armée malgré les moyens mobilisés. Nul ne sait si la nouvelle ère talibane sera durable ou non. Il semblerait que oui dans la mesure où l'opposition armée se verra limitée en hommes et en moyens pour espérer reconquérir le pays. Quant aux puissances occidentales, elles n'auront pas fait mieux que l'empire britannique au XIXème siècle et l'URSS dans les années 1980 : l'Afghanistan est demeuré une terre indomptable. Le monde occidental a soudainement vu sa crédibilité internationale flancher.

Les mauvais renseignements de l'armée américaine sur l'avancée talibane en direction de Kaboul sont le dernier exemple d'une intervention internationale qui n'a jamais réussi à maîtriser ou à contenir ses adversaires. Tandis que beaucoup de pays occidentaux avaient déjà commencé à évacuer leurs ressortissants, certains optèrent également pour la fermeture de toute forme de représentation diplomatique en Afghanistan. Une minorité conserva une présence diplomatique jusqu'aux derniers jours accordés par les Talibans mais ces derniers paraissant déjà instaurer des règles en décalage avec les promesses pourtant faites lors des conférence de presse, nombreux sont les pays hésitant à envisager une future et nouvelle présence diplomatique à Kaboul. Pourtant, face au retour des Talibans, tout le monde ne réagit pas de la même manière. La Russie indiqua vouloir voir ce que donnerait la nouvelle gouvernance talibane. Elle décida ainsi de conserver une représentation diplomatique, laissant ainsi entendre qu'un dialogue avec les Talibans faisait partie des options envisageables. Quant à la Chine, elle conserve non seulement une présence diplomatique mais entend bien poursuivre la défense de ses intérêts économiques. Quelques temps précédant la conquête de Kaboul, le ministre des Affaires étrangères chinois reçut à Pékin une délégation de hauts dignitaires Talibans, signe manifeste de la Chine de ne pas vouloir changer ses ambitions en raison d'un changement de gouvernance politique en Afghanistan.

Plus globalement, la fin de la présence occidentale en Afghanistan est en train de marquer un tournant pour les relations internationales contemporaines. Elle marque surtout une nouvelle fois un échec dans la lutte menée contre le terrorisme et les régimes autoritaires. L'Irak en était le premier exemple. L'Afghanistan n'a fait que confirmer le scénario irakien. Dans les deux cas, une déstabilisation politique est survenue : les Talibans furent poussés vers la sortie en 2001 ; quant à l'Irak, Saddam Hussein fut capturé et son régime s'effondra. Le problème est que dans les deux cas, le monde occidental chercha à établir de nouveaux régimes démocratiques mais qu'ils se heurtèrent à une autre réalité : le terrorisme.

Ce dernier frappa régulièrement et sévèrement aussi bien les populations civiles que les forces armées étrangères présentes en Irak et en Afghanistan. En dépit des moyens humains, logistiques et financiers déployés dans ces deux pays, des organisations terroristes ont constamment contribué au maintien d'un climat de peur. Quant aux élites politiques dirigeantes, elles n'ont jamais réussi à établir une paix sociale durable. Il n'est donc pas surprenant que l'Irak ait connu un regain de violence lorsque Daesh proliféra en Syrie à la suite du Printemps arabe avant de s'aventurer dans certaines régions irakiennes. Quant aux Talibans, bien qu'ils soient opposés à Daesh, ils ont patiemment préparé leur retour aux affaires à Kaboul. En d'autres termes, après deux décennies de présence étrangère dans les deux pays, la situation socio-politique est non-seulement hors de contrôle mais elle est encore plus chaotique.

En Afghanistan, le départ forcé des Talibans en 2001 a finalement abouti à celui des Occidentaux en 2021 et au retour des bannis d'antan. Quant à l'Irak, la fin du régime de Saddam Hussein a apporté la désolation dans un pays qui ne parvient pas à se reconstruire. Le paradigme occidental de lutter contre le terrorisme et les régimes autoritaires a été sévèrement éprouvé. Qu'il s'agisse d'Irak ou d'Afghanistan, la conclusion est la même : l'Occident a échoué dans ses interventions. Non seulement les pays visés sont désormais à la merci d'organisations terroristes ou bien déterminées à s'opposer au monde occidental, mais la réalité géopolitique mondiale tend surtout à montrer que le *hard* et le *soft power* [1] occidental n'est plus aussi dominant

---

[1] Note de l'auteur : le *hard power* et *le soft power* sont des théories des relations internationales. Elles émanent de Joseph Nye. Eminent politologue et auteur de nombreux ouvrages et articles internationalement reconnus, il fut l'Assistant au Secrétaire à la Défense pour les enjeux de sécurité internationaux sous la présidence Clinton de 1994 à 1995. Il défend la thèse que le *hard power* se caractérise par les moyens de pression traditionnels au sein des rapports de force politiques et militaires. Le *soft power* repose sur un pouvoir d'influence plus subtil et souple. Cela peut se traduire par des politiques économiques ou encore culturelles. Avec Robert Keohane, il fonda l'institutionnalisme néolibéral, une vision théorique des relations internationales au sein de

que par le passé. L'évacuation hâtive d'Afghanistan symbolise ce constat d'échec. En somme, des populations civiles vont certainement chercher à fuir les terres en proie aux guerres. Une nouvelle vague migratoire va déferler sur l'Europe dans les prochains mois.

Cette réalité dramatique pour ces gens désireux de trouver une vie meilleure dans un environnement de paix va sans doute créer de nouvelles dissensions au sein de l'Union européenne (UE) déjà profondément divisée sur les problématiques migratoires. De même, les Etats membres de l'OTAN s'interrogent sur l'avenir de l'alliance atlantique tandis que le départ précipité d'Afghanistan pousse les Etats européens à réclamer des explications aux Etats-Unis. En première ligne, le Président Biden est visé. Ce dernier se retrouve dans une position très inconfortable puisque ses décisions portant sur l'évacuation générale en Afghanistan sont contestées. Il donne l'impression de subir la situation. Cela ne manque pas de soulever des interrogations aux Etats-Unis. Les sondages tendent à montrer que ses choix sont incompris et désapprouvés par les Américains. Quant à l'opposition républicaine, elle ne manquera pas de dénoncer la gestion de crise afghane opérée par le Président Biden pour préparer les élections de mi-mandat qui surviendront en novembre 2022.

Plus globalement, c'est l'ensemble du monde occidental qui sort groggy de l'expérience afghane. Quant à la rivalité sino-américaine, elle s'affirme chaque jour un peu plus. Des analystes craignent désormais que le prochain foyer de crise soit l'île de Taïwan, territoire reconnu comme indépendant par une majorité d'Etats dans le monde mais

---

laquelle le pouvoir des institutions est grand dans le système international. Joseph Nye est un des grands noms des théories des relations internationales et une des prestigieuses références de la pensée libérale.

que la Chine refuse de reconnaître comme tel, considérant qu'il s'agit d'un territoire chinois. Les récentes manœuvres militaires opérées par la Chine et les Etats-Unis en mer de Chine montrent surtout que les deux grands rivaux cherchent à s'intimider. Tous les coups sont permis. Quant au retour des Talibans à Kaboul, il joue davantage en faveur de Pékin qui voit soudainement l'influence occidentale s'étioler en Asie centrale, région où la capitale chinoise investit toujours plus pour le déploiement de sa restauration des Routes de la Soie.

La domination occidentale en déclin ?

La question se pose avec l'évacuation retentissante et tumultueuse des ressortissants étrangers d'Afghanistan et de citoyens afghans qui craignent pour leur vie en raison du retour des Talibans aux commandes du pays. La fin de la présence occidentale en Afghanistan se termine en queue de poisson. Elle symbolise un camouflet de premier ordre pour des forces coalisées qui ont été présentes sur place pendant deux décennies et qui n'ont jamais réussi à neutraliser les forces ennemies qui ne sont pas seulement revenues aux affaires… Elles sont de retour, triomphantes et convaincues d'avoir dissuadé l'Occident de se risquer à une nouvelle intervention militaire considérant que celle qui s'achève relève de l'échec. Les Talibans sont donc de retour vingt ans après et il semblerait que le peuple afghan doive se préparer à une nouvelle période de gouvernance dominée par une rigueur extrême. En d'autres termes, lorsque l'intervention coalisée fut mise en œuvre à compter de 2001, le but était de traquer les terroristes à l'origine des attentats du 11 septembre 2001. L'Afghanistan fut aussitôt ciblé car accueillant de nombreux membres de l'organisation Al-Qaïda qui revendiqua ces attentats. Les crimes ne pouvaient rester impunis.

Aux yeux des Etats-Unis, il fallait lutter contre cette organisation terroriste menée alors par Oussama ben Laden. Ses alliés furent également combattus. Les Talibans furent donc en ligne de mire et en très peu de temps, ils furent contraints de quitter Kaboul. Cela laissa augurer des jours meilleurs pour la population afghane mais les espoirs furent de courte durée. Les Talibans, bien qu'affaiblis, ne quittèrent jamais réellement le paysage afghan. Ils parvinrent peu à peu à asseoir leur influence dans de nombreuses régions, là où les forces coalisées éprouvèrent de grandes difficultés à quadriller le territoire. L'intervention militaire s'englua rapidement dans une lutte difficile. Même la capitale Kaboul n'a jamais été un espace sécurisé, la menace terroriste planant à tout instant. Malgré les efforts déployés en soldats, en logistique et les budgets consacrés à la reconstruction de l'Etat afghan et autres efforts mis en place pour sécuriser le pays, rien n'y fit. Les organisations terroristes continuèrent de perturber la dynamique qui devait mener à la pacification d'un pays qui, à l'orée des années 2000, connaissait la guerre depuis près de trois décennies.

En 2021, les Talibans sont revenus sur le devant de la scène, sûrs de leur force. Quant aux conditions d'évacuation des ressortissants étrangers et des Afghans soucieux de quitter leur pays pour des raisons de sécurité, elles placent le monde occidental dans une position très inconfortable : la lutte armée n'a jamais annihilé les chances d'un retour des Talibans ou d'une autre organisation par ailleurs. Deuxièmement, le processus de *nation-building* [2] se ponctue par un cuisant échec. Ainsi, le monde occidental quitte le pays dans des conditions particulièrement chaotiques, l'aéroport de Kaboul symbolisant la seule option d'espérance pour ceux qui cherchent à partir tandis

---

[2] Traduction de l'auteur : la construction de la nation

que les Talibans contrôlent toutes les voies de communication qui permettent de s'y rendre. Le 26 août 2021, cinq jours avant la survenance de la date butoir fixée pour les évacuations, plusieurs explosions retentirent à proximité de l'aéroport faisant de nombreuses victimes parmi lesquelles des militaires américains. Peu après, les Talibans condamnèrent officiellement les attentats. Quelques heures plus tard, les attentats furent revendiqués par Daesh, organisation combattue par les Talibans. Dans la foulée, le Président Biden déclara l'intransigeance dont il ferait montre à l'encontre des coupables.

Toujours est-il que la fin de la présence américaine en Afghanistan s'achève sur une issue qui entraînera sans doute des conséquences sur les relations internationales des prochaines années. La puissance américaine n'a semble-t-il jamais été autant contestée ou mise à rude épreuve depuis la fin de la guerre froide. Dans son sillage, c'est l'ensemble de l'alliance occidentale qui va devoir désormais s'interroger sur les conséquences d'un double échec en matière de lutte contre le terrorisme et de *nation-building*. Il y eut bien la période de décolonisation qui se produisit pendant la guerre froide et qui affaiblit sans conteste la puissance des Etats européens sur la scène internationale mais ces derniers étaient les alliés des Etats-Unis alors engagés dans leur opposition avec l'URSS et ses alliés communistes. A l'issue de la guerre froide, les Etats-Unis devinrent la puissance ultradominante de la planète et rien ne laissait alors augurer que cette domination fût remise en question vingt années plus tard avec la survenance des attentats de septembre 2001. Cependant, le leadership américain est cette fois-ci fortement ébranlé par les épisodes afghan, irakien mais aussi par les Printemps arabes survenus à l'orée des années 2010.

Le paysage des relations internationales va se retrouver profondément modifié à l'issue de la crise afghane. La légitimité et la crédibilité du monde occidental se retrouvent impactées et contestées. Les attentats du 26 août revendiqués par Daesh sont surtout l'expression d'un désordre ou *fitna* encore plus grand qu'il n'y paraît entre les Etats et les organisations terroristes qu'ils combattent d'une part ; entre les organisations terroristes qui se livrent également bataille d'autre part. Daesh frappe dans un pays que les Talibans veulent contrôler, à un moment critique puisque l'évacuation des ressortissants étrangers et des Afghans s'opère dans un climat ambiant extrêmement tendu au sein duquel les Talibans ne font montre d'aucune mansuétude, se contentant de rétorquer au monde occidental qu'aucun délai supplémentaire ne sera accordé au-delà du 31 août pour procéder aux exfiltrations souhaitées par l'Occident. La réaction du Président Biden, mélange d'empathie et de colère, est naturellement compréhensible mais une question subsiste : lorsqu'il manifeste son intention de traquer les coupables des explosions du 26 août, qu'entend-il mettre en place et où ? Tandis que l'opération de retrait militaire d'Afghanistan se poursuit et qu'il est incontestable que l'intervention conjointement menée par les Etats-Unis et ses alliés s'est soldée par un résultat négatif, peut-on imaginer une nouvelle forte mobilisation et intervention américaine ou collégiale de longue durée pour combattre Daesh ? La réponse appartient à Washington mais une réplique sous forme de guerre contre Daesh doit être appréhendée de deux manières.

Premièrement, initier une nouvelle intervention afin de montrer à la communauté internationale de leadership en matière de *hard power* des Etats-Unis. Cette stratégie présente des risques, notamment celui de s'engager une nouvelle fois dans une lutte éreintante, coûteuse en vies humaines et en moyens financiers pour éventuellement déboucher sur un résultat incertain. Deuxièmement, refuser de s'engager à nouveau dans un conflit durable. Cette option serait sans doute critiquée si aucune action n'est menée contre les responsables des attentats de Kaboul. Les Etats-Unis doivent se montrer fermes et inflexibles. En somme, l'option la plus probable demeure une intervention ciblée et ponctuelle. Le problème majeur est que les forces de Daesh sont réparties sur d'immenses territoires et qu'il sera difficile de localiser les coupables sur une si grande surface. La recherche des commanditaires des attentats du 26 août ne sera pas aisée pour les Etats-Unis. Pourtant, le Président Biden doit les trouver. Il en va de sa crédibilité politique aux Etats-Unis. De même, il en va de la crédibilité des Etats-Unis sur la scène internationale. Si Washington échoue une nouvelle fois, cela ne ferait que confirmer une tendance : la domination américaine est toujours plus contestée.

Une nouvelle ère en train de s'ouvrir

A plusieurs reprises dans l'histoire du XXème siècle, des penseurs ont évoqué un « nouvel ordre mondial » à la suite de grands changements survenus dans les relations internationales. S'il est malaisé de définir le nouvel ordre mondial, il faut surtout considérer une évolution d'envergure aboutissant à un changement impactant pour les relations internationales. A l'issue de la Première Guerre mondiale, une des conséquences fut la disparition des grands empires de l'époque : la Prusse, la Russie, l'Autriche-Hongrie et l'empire ottoman. Cela donna lieu à la création de nombreux nouveaux Etats indépendants et souverains. De même, l'issue de la Seconde Guerre mondiale proposa un nouvel ordre mondial avec l'irruption durable de la guerre froide puis, une décennie plus tard, les prémices de la décolonisation qui amorça définitivement le déclin des puissances européennes sur la scène des relations internationales et l'affrontement des deux superpuissances dominantes d'alors : les Etats-Unis et l'URSS.

Pendant quatre décennies, le monde fonctionna avec une opposition idéologique parsemée de périodes critiques et d'autres de détente. Lorsque la guerre froide prit fin avec l'effondrement de l'URSS, une nouvelle période inédite survint : pour la première fois dans l'Histoire, un pays allait asseoir une domination sans équivalent en matière de *hard* et de *soft power*. Une décennie plus tard, les événements du 11 septembre 2001 furent les éléments déclencheurs d'une nouvelle forme d'opposition : la guerre contre le terrorisme. Elle se traduisit par des interventions militaires en Irak et en Afghanistan longues et coûteuses tandis que parallèlement, des puissances étrangères émergèrent tant économiquement que politiquement jusqu'au point inattendu de contester sérieusement le leadership écrasant des Etats-Unis.

Les années 2000 marquèrent un grand tournant pour les relations internationales. Guerres menées contre le terrorisme, affirmation de la montée en puissance de la Russie et de la Chine, accroissement progressif de la contestation de la domination hégémonique des Etats-Unis, réduction progressive de l'écart de puissance économique, politique et militaire séparant les Etats-Unis de la Chine, etc., tous ces facteurs ont contribué à ce que l'ultra-domination américaine ne soit plus aussi marquée mais qu'elle fasse désormais l'objet d'une opposition crédible. Depuis les années 2000, il devenait toujours plus évident que les relations internationales étaient en train d'évoluer vers un ordre mondial animé par une rivalité durable opposant les Etats-Unis à la Chine. La Chine a patiemment mis en œuvre les politiques publiques lui ayant permis d'assurer son irrésistible montée en puissance économique et politique tandis que les ambitions de cette dernière ne font plus aucun mystère : elle compte devenir la première puissance économique mondiale.

Le début du XXIème siècle a également été marqué par des grandes manœuvres. Les Etats-Unis n'ont sans doute jamais sous-estimé la montée en puissance de la Chine et entreprirent de lui rendre plus difficile l'accès au pétrole, ressource naturelle si importante pour le bon fonctionnement du modèle économique chinois. La demande chinoise en pétrole n'a cessé de croître. Encore autosuffisante en or noir jusqu'au milieu des années 1990, la période de forte croissance économique soutenue correspondit à une explosion de la demande en pétrole et contraignit la Chine à se placer dans la catégorie des importateurs. Les besoins furent tels qu'en moins de deux décennies elle devint le premier importateur mondial de pétrole brut. Pour les Etats-Unis, il apparut que l'accès au pétrole était une faiblesse potentielle pour la Chine : elle était effectivement dépendante de l'extérieur pour assouvir ses besoins domestiques. Pourtant, non seulement elle est toujours parvenue à satisfaire sa demande mais la deuxième moitié des années 2000 devait être la confirmation que la puissance économique chinoise pouvait permettre à Pékin de trouver les solutions adéquates pour lui assurer ses besoins énergétiques. C'est ce qu'entreprit la Chine en Asie centrale où les investissements économiques réalisés eurent pour conséquence de réduire progressivement le pouvoir d'influence de la Russie dans les anciennes républiques soviétiques de la région.

Dans les années 2010, l'arrivée de Xi Jinping au pouvoir marqua un nouveau niveau d'ambitions chinoises. Le projet de restauration des Routes de la Soie est sans doute sans équivalent dans l'Histoire. Il mobilise des moyens financiers, logistiques et humains considérables. Cela traduit également la volonté chinoise de ne plus se cantonner à un rôle de puissance émergente qui se heurterait fatalement à la domination américaine. La Chine avance et ne se soucie guère des remontrances américaines. Sa puissance s'affirme toujours plus. Les affaires internes à la Chine qui ont généré des vagues d'indignation en Occident (Tibet, Xinjiang ou encore Hong-Kong) n'ont jamais poussé Pékin à faire marche arrière. La Chine affiche ouvertement sa puissance militaire et s'est engagée dans un bras de fer musclé avec des manœuvres opérées en mer de Chine ou en réitérant ses intentions concernant l'île de Taïwan, petit Etat pour lequel elle n'a jamais reconnu ni indépendance ni souveraineté. Aux yeux de Pékin, Taïwan est une composante de la Chine.

Depuis une décennie, l'opposition Etats-Unis-Chine ne cesse de monter en intensité. La bataille se livre sur les nouvelles technologies, le numérique (cyberattaques, 5G, etc.) en particulier, mais aussi sur le terrain de l'armement voire des laboratoires scientifiques... La fin de l'ultra-domination américaine est révolue. A défaut d'évoquer un déclin américain, il nous semble plutôt que c'est la montée en puissance de la Chine qui a fait que la puissance américaine n'est plus hégémonique. En effet, un duel de titans a pris forme et semble parti pour animer les relations internationales pendant plusieurs décennies. L'écart qui sépare les Etats-Unis et la Chine du reste du monde en matière de *hard* et de *soft power* est considérable. La Russie fait partie des acteurs majeurs de la politique et de la diplomatie mondiale mais sa puissance économique n'est pas comparable à celle des Etats-Unis ou de la Chine. Il est manifeste que le combat des chefs oppose les Etats-Unis à la Chine et que la suprématie américaine n'est désormais plus comparable à celle qui fut sienne au sortir de la guerre froide. Le monde a considérablement changé depuis lors.

L'affirmation et l'exacerbation de la rivalité sino-américaine

La montée en puissance de l'économie chinoise dans les années 2000 laissait toutefois sceptiques des analystes qui ne pensaient pas qu'elle soit durable et surtout en mesure de concurrencer celle des Etats-Unis quelques années plus tard. La question portait surtout sur la capacité de réaction de Pékin le jour où les taux de croissance économique commenceraient à ralentir. La Chine a effectivement connu un ralentissement de sa croissance économique mais est parvenue à conserver des taux dynamiques. Ses dirigeants ont bénéficié d'une conjoncture internationale qu'ils mirent à profit. Le paradoxe est que tout le monde se rendait compte des performances exceptionnelles de l'économie chinoise tandis que Pékin se montrait discret. Peu à peu, il devint évident que les Etats-Unis allaient devoir composer avec un concurrent qui commençait à revêtir différentes caractéristiques de la superpuissance économique. Lorsque Xi Jinping devint le numéro un chinois, l'attitude de la Chine changea radicalement : naguère discrète, la capitale du géant asiatique allait désormais afficher ses ambitions au grand jour et surtout confirmer sa volonté de devenir la première puissance économique mondiale.

L'ambitieux projet de restauration des Routes de la Soie n'a pas d'équivalent dans l'Histoire. Un pays manifestait la volonté de construire des voies de communication à grande échelle pour favoriser les échanges commerciaux dans le monde. Le modèle économique chinois repose effectivement sur les exportations. Pékin compte optimiser son modèle économique en prenant à sa charge les investissements nécessaires pour construire ou aménager des routes, des réseaux ferroviaires, des ports et autres installations qui doivent faciliter la fluidité des échanges économiques. De même, toutes ces nouvelles infrastructures financées par la Chine doivent lui assurer les importations nécessaires pour son bon fonctionnement intérieur. Il se dit que près de mille milliards de dollars ont été dédiés à ces immenses travaux.

Des analystes sceptiques voyaient dans ce projet une ambition démesurée et dénuée de pragmatisme, estimant que ces dernières étaient irréalisables ou bien qu'elles impacteraient la santé économique chinoise. La Chine n'a jamais investi à l'étranger en prenant des risques inconsidérés. Elle investit et espère obtenir un retour sur investissement. Elle parvient à convaincre des pays de se doter de nouveaux équipements routiers, ferroviaires, portuaires et autres pour lesquels elle apporte le financement mais qui comporte toujours une contrepartie. Lorsque le partenaire ne peut rembourser, la Chine trouve systématiquement la solution lui permettant de limiter ses risques financiers. En investissant autant, elle montre non seulement sa force économique mais elle accroît progressivement son influence politique bien qu'elle ne montre jamais qu'elle entende se préoccuper de politique internationale comme les Etats-Unis ou l'UE peuvent le faire.

La Chine a patiemment mis en place sa stratégie visant à « conquérir » le monde, à étendre sa toile commerciale. Elle est consciente de son besoin d'exporter, son marché intérieur ne suffisant pas pour son modèle économique. Dans les années 2000, elle s'était lancée dans un vaste programme d'investissements en Asie centrale, dans les républiques anciennement soviétiques, en vue de sécuriser des approvisionnements massifs en hydrocarbures notamment. L'argent chinois eut tôt fait de convaincre les dirigeants centrasiatiques de négocier avec Pékin tandis que la puissance étrangère traditionnellement influente dans la région, la Russie, perdait de son influence stratégique. En effet, la construction de nouveaux pipelines devait changer la donne du commerce des hydrocarbures. Les réseaux existants de pipelines remontaient tous en direction de la Russie, ce qui permettait à Moscou de conserver un moyen de pression sur le Kazakhstan, le Turkménistan ou encore l'Ouzbékistan. La construction de nouvelles voies d'acheminement du pétrole et du gaz ne transitant plus par la Russie permit ainsi à la Chine d'accroître son pouvoir d'influence en Asie centrale. Lorsque le Président Xi Jinping devint le numéro un chinois, les ambitions nationales allaient non seulement se confirmer mais également prendre une nouvelle dimension avec le projet de restauration des Routes de la Soie : la Chine ne voulait plus faire mystère de ses ambitions réelles et envoya un message sans équivoque à la communauté internationale. Rien ne devait plus l'empêcher d'accéder au leadership économique mondial.

La montée en puissance économique ne s'est pas effectuée seule : la Chine s'est parallèlement lancée dans le développement de programmes de recherche de haut niveau scientifique et technologique. A l'instar d'une des grandes oppositions de la guerre froide, la Chine s'est lancée dans la conquête spatiale. Elle nourrit des projets ambitieux pour la Lune ou des missions scientifiques sur Mars. Elle a définitivement rejoint le cercle fermé des nations qui disposent des moyens économiques et des compétences scientifiques suffisantes pour financer des programmes spatiaux. D'autre part, l'affaire Huawei a mis en exergue une autre réalité : la Chine fait définitivement partie des pays les plus performants en matière de nouvelles technologies. L'évolution chinoise est d'autant plus saisissante que dans les années 1990, le pays faisait au mieux partie des puissances émergentes aux yeux du monde occidental. En un quart de siècle, à bien des égards, il est devenu la référence mondiale dans certains domaines d'activité. Les progrès de modernisation de la Chine ont été considérables. Il en va de même pour la sphère militaire. Ces dernières années, le budget défense du pays a toujours continué de croître. Pékin se dote d'un armement de grande qualité. Le constat est identique pour les équipements de la marine ou de l'aviation. C'est ce qui inquiète de nombreux analystes spécialisés sur les problématiques de défense : quel est le message envoyé par la Chine ? Aurait-elle l'intention de se préparer à un conflit militaire ?

Le Président Xi Jinping renvoie l'image d'un homme sûr de lui et inflexible pour la défense des intérêts de son pays. Il n'entend pas céder à une quelconque influence américaine. Quant aux exigences de Washington, il les balaie d'un revers de la main. La Chine trace sa voie et ne se préoccupe pas des réactions extérieures. Elle le démontre avec le Xinjiang ou Hong Kong. Bien que des critiques internationales condamnent le sort réservé aux Ouïghours ou bien à la démocratie hongkongaise, Pékin ne fléchit pas. Pékin a décidé et Pékin fait. Personne ne pourra lui faire opérer une marche arrière. Sur le plan international, il en va de même. C'est ainsi que la capitale chinoise n'a jamais manifesté une quelconque réticence à négocier avec les Talibans. C'est la raison pour laquelle elle surveille de près les activités nucléaires développées par son voisin nord-coréen. L'affaire de la dénucléarisation de la Corée du Nord est par ailleurs très révélatrice de la nouvelle influence chinoise dans la politique mondiale.

Lorsque le Président Trump se risqua à annoncer son intention de mettre au pas le régime de Pyongyang en obtenant la dénucléarisation totale du pays grâce à son sens aiguisé de la négociation, il sous-estima le pouvoir d'influence de Pékin à Pyongyang. Bien que la Chine ait déjà voté des sanctions à l'encontre de la Corée du Nord au sein du Conseil de sécurité des Nations Unies, elle a tout intérêt à disposer d'un allié qui continue de troubler les ambitions américaines en Extrême-Orient. Tandis que Donald Trump rencontra par deux fois Kim Jong-Un sur terrain neutre (une fois à Singapour et l'autre fois à Hanoï), les jours précédant ces rencontres, le leader nord-coréen s'était rendu à Pékin, alors qu'il ne sort quasiment jamais de son pays, pour aller prendre conseil auprès de Xi Jinping. Un constat s'impose : la diplomatie de Donald Trump avec la Corée du Nord est un échec. En d'autres termes, il s'agit d'une victoire chinoise. Bien qu'un affrontement militaire paraisse peu probable entre les Etats-Unis et la Chine (il n'est toutefois pas inexistant), le retrait américain d'Afghanistan laisse augurer une augmentation des troupes américaines en mer de Chine (ce qui sous-entend une surveillance accrue entre les deux premières puissances économiques mondiales). La raison se nomme Taïwan. L'ancienne Formose n'a jamais été reconnue par Pékin comme un Etat indépendant et souverain. Taïwan pourrait être le prochain sujet d'affrontement entre Pékin et Washington. Le problème est que contrairement à la guerre froide où les Etats-Unis et l'URSS intervenaient dans des conflits par interposition, la question taïwanaise met en opposition directe les Etats-Unis et la Chine.

Une vision stratégique américaine changeante

Le désengagement américain d'Afghanistan confirme la vision globale de Washington qui souhaite désormais focaliser son attention sur la Chine. Les efforts de déploiement de troupes à l'étranger vont désormais se concentrer dans des régions géographiquement proches de la Chine. Le retrait d'Afghanistan ne doit pas occulter la réalité : si le départ des Américains était programmé de longue date, l'issue de la mission interventionnelle est un échec. Les Etats-Unis, en évacuant leurs dernières troupes, mettent ainsi un terme à une guerre de vingt ans qui se sera soldée par une déception rapidement prévisible. Ce scénario était effectivement envisageable dès lors que l'Afghanistan n'a jamais été pacifié. Bien que des élections eurent lieu après le départ des Talibans en 2001, même la capitale Kaboul n'a jamais été un havre de paix, une menace permanente pesant en raison d'attaques terroristes fréquentes et meurtrières. Les Talibans n'ont jamais complètement disparu du paysage afghan.

Le constat vaut également pour l'organisation Al-Qaïda qui a su se mouvoir entre l'Afghanistan et le Pakistan. L'opération qui mena à la chute d'Oussama ben Laden n'eut jamais pour conséquence d'éteindre ce réseau. Chaque perte de leader est aussitôt compensée par l'intronisation d'un nouveau chef. Plus tard, Daesh commença à exprimer des ambitions sur l'Afghanistan, ce qui contribua à alimenter davantage au chaos ambiant puisque Talibans et Daesh ne s'apprécient guère. Malgré le déploiement de près de cent cinquante mille militaires étrangers au moment où la présence internationale était la plus forte, le commandement américain n'a jamais réussi à réduire et encore moins à annihiler les menaces de déstabilisation socio-politique de l'Afghanistan. A la décharge de Washington, cette partie de l'Asie centrale est extrêmement difficile à quadriller malgré le renfort de hautes technologies. Les forces talibanes n'ont jamais été plus nombreuses que celles de la coalition internationale mais cette terre sauvage est demeurée inaccessible comme elle le fut naguère pour l'empire britannique ou l'URSS. Personne n'est jamais parvenu à « dompter » l'Afghanistan. A l'origine, lorsque l'intervention américaine fut décidée, ni la Maison Blanche ni le Pentagone n'imaginèrent alors que la présence militaire serait aussi longue.

Cependant, il faut rappeler le contexte d'alors. Les élections présidentielles américaines de 2000 furent émaillées par des doutes portant sur le recomptage des voix.

Pendant plusieurs mois, la scène politique nationale fut agitée car l'élection de George W. Bush n'obtint de véritable légitimité qu'avec la survenance des attentats du 11 septembre 2001. Pendant près d'un an, les Etats-Unis furent divisés entre partisans républicains et démocrates qui revendiquaient la victoire de George W. Bush pour les premiers et d'Al Gore pour les seconds. Les débats et contestations furent vifs… et il y eut le 11 septembre. A partir de ce jour précis, toute l'attention fut portée à la nécessité d'identifier, traquer et capturer les coupables. C'est ainsi que l'Afghanistan devint une cible d'intervention. D'autre part, la garde rapprochée du Président Bush était favorable aux thèses néo-conservatrices. Au milieu des années 2000, pendant que la guerre se poursuivait en Afghanistan et qu'un autre front avait été entre temps ouvert en Irak, les néo-conservateurs avaient déjà identifié la Chine comme une menace potentielle à venir pour les Etats-Unis. En somme, si l'intervention militaire en Afghanistan avait été pleinement justifiée par les attaques du 11 septembre 2001, les Etats-Unis avait déployé une stratégie de présence en Asie centrale qui visait en réalité à contrarier les approvisionnements en pétrole de la Chine. Les conseillers de George W. Bush avaient compris qu'il existait une corrélation entre la croissance économique dynamique de la Chine et l'augmentation de ses besoins pétroliers. Il fallait donc trouver les moyens d'empêcher la Chine d'accéder facilement au pétrole. Il s'avéra que les plans américains rencontrèrent de nombreuses difficultés, notamment dans les anciennes républiques soviétiques d'Asie centrale où la perte de vitesse de l'influence russe fut aussitôt accaparée par la Chine qui parvint à obtenir satisfaction en négociant la construction de nouvelles voies d'acheminement du pétrole vers l'Orient. Cette situation satisfaisait les anciennes républiques soviétiques qui s'émancipaient de l'influence russe qui s'imposait comme une évidence du fait que l'essentiel des ressources en hydrocarbures exportées par le Kazakhstan, l'Ouzbékistan et le Turkménistan transitait par des réseaux de pipelines qui remontaient ensuite vers la Russie. Ces nouvelles voies indépendantes d'approvisionnement changeaient soudainement la donne géopolitique en Asie centrale. La Chine devint peu à peu un partenaire économique privilégié.

Les Etats-Unis ne purent lutter contre cette réalité économique, d'autant plus que les investissements chinois étaient les bienvenus à Almaty, à Tachkent ou à Achgabat. Entre temps, la Chine avait également pris le soin d'assurer des partenariats stratégiques avec l'Irak, l'Iran ou encore l'Arabie saoudite. En quelques années, Pékin parvint à trouver les solutions adéquates pour assurer ses importations croissantes en hydrocarbures. En d'autres termes, la vision stratégique néo-conservatrice fut mise en échec par la subtile diplomatie chinoise. Elle le fut doublement puisque l'influence chinoise en Asie centrale n'a depuis lors jamais cessé de croître. D'autre part, la guerre en Afghanistan s'éternisait désespérément. Lorsqu'il fut décidé de retirer les troupes américaines d'Irak et d'Afghanistan puis de ne pas s'impliquer outre mesure en Syrie, un constat sans appel fut établi : malgré sa force de frappe, l'armée américaine dut se rendre à l'évidence et conclure que la lutte contre le terrorisme et l'aide apportée dans le processus de *nation-building* étaient insuffisantes. Les Talibans furent bien sommés de quitter le pouvoir en 2001. Ils sont revenus en force en 2021.

Quant à l'Irak, depuis la chute de Saddam Hussein, le pays vit, à l'instar de l'Afghanistan, dans un chaos socio-politique permanent. C'est ce qui fait dire aux critiques que les Etats-Unis interviennent, chamboulent et repartent lorsqu'ils constatent n'avoir aucun contrôle sur la situation. La réalité est beaucoup plus complexe. Les investissements et efforts de guerre américains sont réels. Ils n'ont certes pas réussi à contenir la menace terroriste ni à asseoir une quelconque paix socio-politique durable. A bien des égards, les interventions en Afghanistan puis en Irak sont des échecs. Il ne faut pas occulter la dimension stratégique : en l'occurrence, qu'est-ce qui préoccupe le plus Washington de nos jours ? Il s'agit évidemment de la rivalité croissante avec la Chine. C'est ainsi que les Etats-Unis concentrent leur attention sur cette rivalité qui tend à s'intensifier et que l'arc « occidental » de présence américaine au grand Moyen-Orient est délaissé pour se déplacer vers l'Orient où Washington entend étoffer sa présence. L'arc oriental est désormais privilégié.

Là encore, cette stratégie n'est pas nouvelle puisque les Etats-Unis disposent d'une présence importante en Corée du Sud, au Japon ainsi qu'aux Philippines jusqu'en 2020 avant que Manille ne décide de rompre l'accord militaire bilatéral. La question qui préoccupe le plus Washington porte sur Taipei, la capitale de Taïwan. Cette île fait débat depuis plusieurs décennies puisqu'elle est reconnue comme un Etat indépendant et souverain par l'ensemble du monde occidental tandis que Pékin considère l'île comme un territoire chinois. Tandis que la rivalité sino-américaine ne cesse de croître, l'enjeu stratégique autour de l'ancienne Formose est plus que jamais sensible puisque Pékin et Washington s'opposent frontalement. Il n'est pas anodin que les deux pays opèrent depuis plusieurs mois des manœuvres militaires en mer de Chine et qu'ils y assurent une présence permanente. Les deux pays se jaugent, se testent mutuellement et le fait que le *hard power* soit au cœur de cette opposition peut laisser craindre une escalade des tensions. Il est certain que l'idée qui anime les deux capitales n'est pas de s'affronter directement dans un conflit armé pour lequel les conséquences pourraient être dévastatrices à grande échelle.

Les Etats-Unis et la Chine disposent de la puissance nucléaire de même qu'ils possèdent des armes de haute technologie au grand potentiel destructeur. En somme, la menace militaire a de fortes chances de demeurer un moyen d'intimidation tandis que la véritable « guerre » que se livrent les deux pays intervient sur d'autres terrains : nouvelles technologies, cyberattaques, barrières douanières voire une guerre des laboratoires scientifiques... De nombreux domaines peuvent effectivement mettre en exergue cette rivalité et il n'y a sans doute pas besoin de basculer dans l'extrémité d'un conflit armé pour sceller la domination de la Chine ou des Etats-Unis. Il résulte de ce constat que les priorités interventionnelles de l'armée américaine ont changé et qu'elles se concentrent désormais autour de la rivalité croissante avec la Chine.

La confirmation d'un choc des civilisations

Dans les années 1990, deux œuvres majeures parurent et visèrent à comprendre ce qu'allait devenir le monde après la fin de la guerre froide. Le premier ouvrage publié fut celui de Francis Fukuyama en 1992. *La fin de l'Histoire et du dernier Homme* [3] défend la thèse que le libéralisme et la démocratie ont définitivement fini par triompher. Cela n'empêche cependant pas l'existence de conflits mais l'auteur postule que la démocratie libérale finit par s'imposer. En 1993, Samuel Huntington développa une autre thèse dans un article publié dans Foreign Affairs [4] où il s'attacha plutôt à décrire le monde contemporain sous le prisme de différentes civilisations qui ne parviendraient pas systématiquement à s'entendre mais qui finiraient plutôt par afficher leurs différences tandis que les rapports de force constitueraient toujours une composante immuable des

---

[3] Francis Fukuyama, *The end of History and the last Man*, Free Press, 1992, 418 pp.
[4] Samuel P. Huntington, *"The Clash of Civilizations?"*, www.foreignaffairs.com, été 1993

relations internationales. La vision de Samuel Huntington reposait sur un double paradigme : celui d'un monde multipolaire et multi-civilisationnel.

Dans les années 1990, cette thèse fut largement décriée car la fin de la guerre froide laissa la communauté internationale dans une situation inédite avec la domination écrasante d'une nation dans le monde, qu'il s'agisse de *hard* ou de *soft power*. En l'occurrence, la fin de la guerre froide correspondit à la fin d'un affrontement idéologique mais vit surtout l'effondrement d'un système qui s'était fondé sur le communisme et la pensée de Lénine notamment. Pour cette raison, la vision de Francis Fukuyama fut saluée puisque la victoire inéluctable de la démocratie libérale sur les systèmes autoritaires communistes était alors incontestable. Un nouvel ordre mondial se façonna à l'issue de cette opposition qui dura quatre décennies. L'hyperpuissance américaine n'a alors jamais été autant dominante. Cependant, pendant cette même décennie, plusieurs facteurs apparurent mais furent probablement sous-estimés à cette époque. L'URSS avait disparu du paysage politique international et de nouveaux Etats indépendants furent créés. La Russie devait se reconstruire. Il semblait acquis qu'il lui faudrait de nombreuses années pour surmonter l'effondrement du système soviétique. Il y eut d'abord l'ère Boris Eltsine puis l'adoubement de Vladimir Poutine.

Dans les années 2000, la Russie connut une nouvelle trajectoire économique notamment dynamisée par la forte hausse des prix d'échange des matières premières. D'autre part et concomitamment, la Chine connaissait une croissance économique très dynamique et durable même si les performances chinoises ne préoccupaient alors guère le monde occidental qui avait acquis la conviction que de telles performances économiques ne pourraient être durables et que la Chine rencontrerait rapidement des obstacles. Enfin, tout aussi discrètement, c'est dans la décennie 1990 que le monde commença à entendre parler d'Al-Qaïda, une organisation terroriste déterminée à s'en prendre à des intérêts américains.

Le 11 septembre 2001, c'est avec effroi que la communauté internationale prit connaissance d'attaques simultanées perpétrées sur le territoire américain. Ces attaques meurtrières marquèrent les esprits à jamais... ainsi qu'un tournant pour les relations internationales contemporaines. Premièrement, l'ultra-domination américaine se retrouvait soudainement ébranlée. Deuxièmement, un nouvel adversaire venait d'apparaître dans le paysage géopolitique mondial : le terrorisme islamique. Il devenait soudainement le remplaçant de l'idéologie communiste. Troisièmement, les attentats du 11 septembre furent les éléments déclencheurs de guerres menées au nom de la démocratie et de la lutte contre le terrorisme. En d'autres termes, ces interventions militaires devaient aboutir à ce qui fut pensé par Francis Fukuyama.

Deux décennies plus tard, il apparaît que les interventions militaires n'ont pu aboutir à la victoire de la démocratie ni en Afghanistan ni en Irak. En revanche, le terrorisme islamique sévissait entre temps dans plusieurs régions du monde. Il contribua à maintenir un climat de terreur et d'instabilité socio-politique. De même, des Etats devaient connaître une émergence économique ou opérer un retour en force sur la scène politique internationale qui devait plutôt donner raison à la vision multipolaire et multi-civilisationnelle telle que décrite par Samuel Huntington. La communauté internationale de 2021 est sans conteste multipolaire et donne lieu à un affrontement de pensées pour lequel rien n'indique que la démocratie parviendra à s'imposer in fine.

Le choc des civilisations est d'autant plus perceptible que des messages politiques vont à l'encontre des souhaits occidentaux en matière de vision politique et économique. Lorsque le monde occidental dénonce les agissements de la Chine envers les Tibétains, les Ouïghours ou Hong Kong, Pékin n'accorde aucune importance à ces critiques si ce n'est de rappeler que tout ce qui se passe sur son territoire national ne fera l'objet d'aucune influence extérieure. La Chine n'entend céder à aucune revendication ou demande occidentale car elle se sent suffisamment forte pour s'opposer ou refuser n'importe quelle exigence étrangère. D'autre part, elle entend poursuivre sa marche en avant politique et économique avec sa propre vision. Cela signifie qu'elle ne s'orientera pas vers une transition politique basculant vers une approche démocratique de la gouvernance. Les objections chinoises faites par rapport aux critiques occidentales portent en partie sur l'opposition que des acteurs internationaux émettent désormais à l'encontre des standards occidentaux.

En ce sens, le monde est effectivement éclaté puisqu'il n'y a pas de pensée ou de standard unique qui soit en voie de s'imposer à tous. Les guerres menées au nom de la démocratie, du respect des droits de l'Homme ou de la lutte contre le terrorisme ont non seulement montré les limites d'un paradigme vanté par l'Occident mais surtout contribué à agrandir quelque peu un fossé de pensée entre la civilisation occidentale et d'autres civilisations. Il fut effectivement souvent reproché aux Occidentaux d'intervenir sur le terrain pour des raisons que les locaux ne parviennent pas à justifier et encore moins à valider. C'est ainsi que le dialogue s'est progressivement tendu avec certains Etats, en particulier depuis la survenance des attentats de septembre 2001 et davantage encore à compter de 2003 avec l'opération destinée à détrôner Saddam Hussein en Irak. Ce dernier point est d'ailleurs capital pour comprendre le ressenti des pays alentours puisque la guerre d'Irak fut décidée à partir d'un grand mensonge : les présumées armes de destruction massive. Cela n'a pourtant pas empêché une coalition internationale menée par les Etats-Unis d'intervenir en Irak, de semer la discorde et de générer des polémiques portant sur les conditions de détention de prisonniers comme la fameuse affaire des humiliations perpétrées à Abu Ghraib, les affaires occultes concernant la défense d'intérêts économiques américains telles qu'Halliburton ou Blackwater, etc. Il existe bien d'autres raisons qui ont valu au monde occidental de voir son prestige, sa crédibilité ou encore sa légitimité décliner dans certaines régions du monde. Le monde occidental est critiqué pour avoir généré des guerres, répandu le chaos socio-politique dans plusieurs pays tout en ne parvenant pas à résoudre les problématiques locales… afin d'opter pour le retrait de toute forme de présence dès lors qu'il est admis que la situation socio-politique échappe définitivement à son contrôle.

D'autre part, il lui est également reproché d'intervenir tout en méconnaissant la réalité socio-politique des régions visées ainsi que la culture locale. Enfin, de nombreuses voix s'élèvent contre les ressentis d'amalgames ou d'assimilations émanant du monde occidental. Dans les faits, il faut plutôt considérer une mauvaise communication occidentale. Ainsi, des leaders politiques étrangers dénoncent, au sein des guerres entreprises au nom de la démocratie ou bien de la lutte contre le terrorisme, une idée sous-jacente qui laisse entendre que ces mêmes personnes seraient complices ou bien favorables aux régimes autoritaires ou bien aux organisations terroristes… Ce n'est évidemment pas le cas. Des dirigeants politiques risquent leur vie pour s'ériger contre le terrorisme. Quant aux batailles livrées pour répandre la démocratie, certains n'hésitent pas à rappeler que leur pays dispose d'une culture politique qui lui est singulière.

A la différence des années 1990, il existe désormais de nombreuses critiques qui s'abattent sur la vision politique telle que défendue par le monde occidental, d'autant plus que les guerres déclenchées au nom des standards promus par l'Occident ont abouti à des désordres locaux et régionaux durables qui ne paraissent pas en voie de résorption. Pour toutes ces raisons, le choc des civilisations paraît plus d'actualité que jamais et risque de s'intensifier dans les années à venir car la lutte contre le terrorisme islamique n'est pas sur le point de s'achever. Quant aux oppositions civilisationnelles, elles vont progressivement s'affirmer davantage et la Chine incarne à ce jour le mieux la civilisation qui entend avancer sans se soucier des critiques ou exigences occidentales et américaines en particulier.

Vers un nouveau paradigme de l'économie mondiale ?
La lutte contre le changement climatique génère de nombreux débats portant sur les conséquences induites sur l'environnement ainsi que sur la population mondiale. Bien que le discours officiel des décideurs publics et privés tende dans le sens d'une mobilisation en vue de promouvoir les outils devant empêcher une aggravation de la détérioration environnementale, la réalité économique internationale se heurte à une autre réalité portant sur les habitudes de consommation à faire évoluer. Ainsi, la consommation d'énergie constitue un des centres névralgiques de la réflexion globale. L'idée majeure est de propulser sur le devant de la scène les énergies propres, qu'elles parviennent à remplacer les ressources fossiles dont la forte consommation contribue grandement aux émissions de gaz à effet de serre. Pourtant, la consommation de pétrole n'est pas programmée pour disparaître de sitôt du paysage

énergétique mondial. La transition énergétique prendra du temps, probablement plusieurs décennies, tandis que la communauté scientifique internationale (le GIEC notamment) ne cesse de rappeler l'urgence d'opérer un changement énergétique immédiat.

Le défi de la communauté internationale est d'autant plus grand que le réchauffement climatique impacte de nombreuses régions densément peuplées, à commencer par les zones côtières. La surface habitable dans le monde tendra à se réduire et les individus qui devront quitter les terres qu'ils occupent actuellement se compteront par centaines de millions. Cela aura nécessairement un impact pour les régions qui seront ciblées par ces futurs réfugiés climatiques. Ces vagues migratoires seront d'un autre acabit que celles amorcées en 2015 (Syrie, Irak, Afghanistan ou Afrique) ou en 2021 à la suite du retour en force des Talibans en Afghanistan. L'accueil de réfugiés fait débat en Europe notamment où tous les Etats membres de l'UE ne partagent pas une vision unique d'accueil des réfugiés. Certains s'y opposent catégoriquement. Au-delà de l'impact sociétal, la lutte contre le réchauffement climatique soulève la question des moyens et des mécanismes à promouvoir pour escompter obtenir des résultats significatifs et s'engager dans une tendance durable de décarbonation de l'économie mondiale.

Il existe une grande différence entre ce qui est souhaité et ce qui est obtenu. Les rapports scientifiques persistent à déplorer des résultats peu encourageants puisqu'ils font état d'une continuité de la dégradation de l'environnement. En avril 2021, l'Agence Internationale de l'Energie (AIE) révisa ses prévisions pour la demande mondiale de pétrole pour l'année en cours, l'évaluant à près de quatre-vingt-dix-sept millions de barils par jour. [5] Cette reprise de la demande mondiale en or noir s'explique par le fait que l'année 2020 ait connu une baisse inédite de la demande en raison de la survenance de la crise sanitaire Covid-19 et par le ralentissement de l'activité économique de nombreux pays, et plus particulièrement des principaux importateurs de pétrole. La révision de l'AIE se justifie par la publication des conclusions du Fonds Monétaire International qui prévoit une forte hausse du PIB mondial en 2021 et en 2022 (respectivement 6 et 4,4% de croissance). [6]

En somme, la reprise de l'activité économique, qui n'a pas encore atteint le niveau pré-Covid, favorise la consommation de pétrole. La corrélation est étroite : il existe un lien entre dynamisme économique et consommation de pétrole. Cela a été observable avec la Chine. Son évolution économique spectaculaire s'est accompagnée d'une forte hausse de ses besoins pétroliers. En d'autres termes, bien que de nombreux projets énergétiques propres soient promus dans le monde et que les producteurs majeurs d'hydrocarbures se tournent de plus en plus vers les énergies renouvelables, il faut s'attendre à ce que la demande mondiale en pétrole ne connaisse pas de baisse significative à court terme. Le recul de la demande en 2020 fut la conséquence de la pandémie Covid-19. Ce recul était donc accidentel et pas amené à s'inscrire dans une conjoncture durable. Quant aux producteurs traditionnels de pétrole et de gaz naturel, ils cherchent désormais à produire davantage afin d'optimiser leurs revenus dans un marché des hydrocarbures où les prix d'échange peinent à se stabiliser au-delà de 70$ pour le baril de Brent notamment, une des grandes références mondiales pour les échanges pétroliers.

---

[5] *« L'AIE revoit à la hausse ses prévisions concernant la demande mondiale de pétrole en 2021 »*, atalayar.com, 14 avril 2021
[6] *Ibidem.*

Si une synthèse rapide devait être faite, il faudrait considérer en premier lieu l'opposition Etats-Unis-Chine. De même, la présidence Biden va faire le nécessaire pour se rapprocher de l'UE et ainsi constituer à nouveau une nouvelle alliance politique qui fut altérée lors de la présidence Trump. Il faut considérer la Russie qui entretient des relations diplomatiques tumultueuses avec l'Europe et l'Amérique du Nord. Moscou est sans conteste une puissance étrangère qui compte dans le paysage des relations internationales. A cela, au-delà des problématiques sécuritaires, il ne faut pas négliger la réalité économique de nombreux pays qui ne sont manifestement pas encore prêts à opérer un changement significatif au sein de leur modèle économique national. Nous pensons aux producteurs d'hydrocarbures. Plusieurs d'entre eux rencontrent des difficultés économiques durables en raison d'un modèle économique trop focalisé sur les rentes du pétrole et du gaz. Ce modèle est bon lorsque les prix d'échange sont élevés et qu'ils leur sont par conséquent favorables. Cependant, ils sont nombreux à avoir opté pour une trop forte dépendance à ce secteur d'activité pour lequel le baril d'or noir ne s'échange plus au-delà de 100$ depuis une décennie… tandis que certains se voient dans l'obligation de vendre le baril au-delà de ce seuil pour assurer leur équilibre budgétaire. Les prix de vente actuels ne sont évidemment pas de cet acabit. Les conséquences sont nombreuses, y compris pour les plus riches. Le Prince héritier saoudien se voit contraint de « moderniser » la société saoudienne car l'Arabie saoudite se doit de réduire ses dépenses publiques et promouvoir un secteur privé qui nécessitera des investissements étrangers. Or c'est sur ce point précis que Riyad et d'autres capitales risquent de rencontrer un obstacle majeur : convaincre des investisseurs.

Les Etats pétroliers qui ont fondé leur modèle économique sur les rentes de l'or noir se sont exposés à d'autres dangers dont l'instabilité sociale. Quant aux régimes politiques, ils sont parfois autoritaires ou bien n'offrent pas les garanties recherchées par des investisseurs. Le cas de l'Arabie saoudite est parlant dans la mesure où cette monarchie conservatrice cherche à diversifier son économie nationale et compte entreprendre d'ambitieuses réformes économiques. En revanche, elle connaît des remous internes au sein de la famille régnante ainsi qu'au sein de sa population nationale qui subit les conséquences de la trop forte dépendance à Saudi Aramco. Depuis peu, les citoyens saoudiens payent des impôts ainsi que des services pour lesquels l'Etat assurait naguère la gratuité. Le taux de chômage augmente. Quant à la pérennité du régime, elle dépendra de différents facteurs : le Prince héritier parviendra-t-il à imposer son autorité sans heurts une fois intronisé ? Quelle sera l'évolution de la géopolitique du Moyen-Orient et du Golfe Persique tandis que la rivalité avec l'Iran ne disparaîtra pas de sitôt et que les foyers de crise régionaux sont aussi nombreux que durables ? La liste des interrogations n'est pas exhaustive mais ces quelques questions montrent que les problèmes sont multiples… et qu'il est compréhensible qu'un pays tel que l'Arabie saoudite se réfugie sur une valeur sûre : les hydrocarbures. Il n'y a rien d'étonnant à ce que l'OPEP ait manifesté le souhait de revoir ses objectifs de production à la hausse.

Pourtant, il semble inéluctable que les Etats souffrant de « pétrole-dépendance » devront trouver les solutions devant mener à la diversification de leur économie nationale. En attendant, ils se réfugient dans une activité qu'ils connaissent et maîtrisent, qui assura naguère leur richesse mais il s'agit de ressources naturelles qui sont désormais « combattues » par la communauté scientifique internationale ainsi que par les Etats qui considèrent l'urgence de s'engager activement dans une transition énergétique. Dans un esprit global de compétition et de rivalité au sein de la scène internationale, il faut s'attendre à ce que de nouveaux modèles économiques apparaissent et qu'au regard de la complexité des rivalités au sein des relations internationales, ils deviennent une véritable arme pour asseoir une domination politique et / ou économique. Les critères ESG font partie de cette catégorie d'armes à fort pouvoir d'influence.

Des relations internationales désormais en partie façonnées par les critères ESG

Comme indiqué dans la partie précédente, un nouveau modèle économique mondial va progressivement se mettre en place même s'il ne faut pas s'attendre à un phénomène révolutionnaire. Il faudra du temps pour que le changement s'opère mais les critères ESG vont assurément contribuer à garantir cette évolution. Pour la première fois, des critères fondés sur l'éthique, la morale et plus généralement sur une ouverture humaniste deviennent des éléments de référence pour favoriser ou non des projets de financement. La finance verte s'attaque à différents maux qui nuisent à l'humanité, qu'il s'agisse de la détérioration manifeste de l'environnement, de problématiques sociales et sociétales ou bien de gouvernance. La finance verte promeut des acteurs économiques vertueux et va a contrario sanctionner ceux qui ne respecteront pas les conditions de collaboration désirées. Sur le principe, l'idée est bonne puisqu'elle défend l'intérêt général et cherche à combattre toute forme d'abus ou de dérive qui nuit également aux libertés ou aux droits individuels. Toutefois, au-delà de la dimension vertueuse de ces critères, il faut considérer qu'il n'existe aucune société parfaite et que par conséquent, il faudra définir les critères qui permettront d'évaluer la faisabilité d'une opportunité d'investissement sur la base des critères ESG. Il faut donc déterminer les critères d'évaluation qui se voudront les plus neutres possibles. Ce n'est pas le sens de notre réflexion. Dans cette partie, l'idée majeure est de montrer que l'apparition progressive et croissante des critères ESG dans le secteur financier mondial revêt toutes les qualités pour devenir un acteur incontournable des relations internationales.

La finance verte va certainement camper le rôle d'un élément central qui va progressivement orienter le nouveau modèle économique mondial. En premier lieu, nous pensons au secteur des ressources fossiles. Ce secteur d'activité est effectivement désigné comme faisant partie des plus néfastes pour l'environnement et la préservation de la vie sur Terre. C'est la raison pour laquelle les grands acteurs des hydrocarbures ont pour la plupart opté pour une diversification énergétique. Beaucoup promeuvent désormais les énergies renouvelables. Pour autant, cela ne fera pas disparaître le marché des hydrocarbures sous peu. Il convient de faire montre de pragmatisme et de considérer que les moyens consentis pour la promotion des énergies propres demeurent largement insuffisants pour permettre à ces dernières de pouvoir se substituer complètement aux ressources fossiles. Il existe donc une problématique de production mais également une qui porte sur la compétitivité puisque les énergies fossiles disposent de coûts de production inférieurs aux ressources photovoltaïques ou éoliennes.

Tout détenteur de capital financier dispose de pouvoir. Ce propos doit cependant être nuancé : il existe différents niveaux de puissance mais un acteur économique, quel qu'il soit, disposant d'un important capital financier, aura plus de chances de se faire entendre et d'obtenir satisfaction. L'exemple du Qatar peut être considéré puisque jamais un Etat aussi peu peuplé n'avait été désigné pour organiser une coupe du monde de football. De même, ce petit émirat est parvenu à résister à la pression diplomatique et économique exercée par l'Arabie saoudite et d'autres Etats arabes de la région. Sans sa richesse économique, il est très probable que Doha n'eût jamais obtenu l'organisation de la coupe du monde FIFA de 2022 ou que la capitale qatarie fût contrainte de céder face aux exigences saoudiennes au plus fort de la crise diplomatique. Ainsi, le détenteur du capital financier est en position de force face à celui qui recherche du financement. D'ailleurs, une des subtilités des relations internationales contemporaines porte sur le fait que les Etats ne soient pas nécessairement au cœur des grands enjeux. Des entreprises privés sont devenues des acteurs majeurs des relations internationales. Pour ce qui est des critères ESG, c'est le secteur financier qui va voir son influence grandir au fur et à mesure que les motivations ou refus d'investir seront dictés par des raisons politiques. Les Etats ne disparaissent évidemment pas des acteurs influents des relations internationales mais d'autres acteurs sont en train d'asseoir une influence grandissante. En d'autres termes, le grand jeu des relations internationales va se complexifier davantage avec les jeux de pouvoirs opérés par les acteurs publics mais également privés.

Des acteurs privés sont devenus aussi puissants que des Etats en raison de leur capitalisation boursière ou bien parce qu'ils gèrent des fonds immenses. Leur avis ou positionnement compte dans les grandes décisions. Ils sont désormais capables d'influencer des Etats. C'est notamment le cas des GAFAM et de leurs bases de données qui intéressent au plus haut point les Etats. Les fonds d'investissement et autres acteurs financiers disposent aussi d'un pouvoir considérable puisqu'ils sont appréciés d'autres acteurs économiques qui recherchent du financement et qui s'exposent à des refus en fonction des évaluations faites au regard des critères ESG. Or nous comprenons que la dimension politique d'un refus ne doit pas être écartée dès lors que des pays sont directement désignés par les acteurs financiers pour des refus d'investissement. C'est notamment le cas pour la Russie ou pour la Chine.

Dès lors que des fonds d'investissement communiquent dans ce sens, il faut y percevoir une motivation qui n'est pas dénuée de dimension politique. Considérant le postulat que la finance verte sera amenée à voir son pouvoir d'influence grandir dans les prochaines années, il convient de penser que cette nouvelle donne va influencer le nouveau modèle économique mondial. Une fois de plus, il est plus prudent d'évoquer une transition plutôt qu'une révolution car le processus prendra du temps tandis que les secteurs industriels ou autres auxquels il est reproché un impact polluant ne cesseront pas leur activité de sitôt. Ils sont plutôt en train de considérer une évolution à l'instar des géants pétroliers et gaziers qui se tournent désormais vers les énergies renouvelables sans intention immédiate de mettre un terme à leurs activités de production de pétrole ou de gaz. Cependant, cette situation va troubler les relations internationales dans la mesure où le fossé risque de s'accroître entre les acteurs dominants (ceux qui détiennent le capital financier) et ceux qui se verront contraints de devoir répondre aux exigences de ces derniers. C'est en ce sens que les critères ESG vont parvenir à s'imposer comme un des acteurs parmi les plus influents des relations internationales futures.

Conclusion

Le monde est en train de changer. Il a toujours été en perpétuelle évolution mais il existe des événements qui ont abouti à des changements radicaux. Ces derniers survenaient généralement au sortir d'une guerre, d'une crise politique ou diplomatique majeure. Si la dimension économique n'était jamais déconnectée de ces crises, elle n'était jamais considérée comme l'élément majeur menant à ces évolutions brutales. Les relations internationales contemporaines ne sont pas en train d'évoluer en raison d'une guerre même si la lutte menée contre le terrorisme international a eu une incidence. Depuis les attentats du 11 septembre 2001, les Etats-Unis en tête et leurs alliés occidentaux sont intervenus sur plusieurs terrains pour lesquels les opérations menées n'ont pas abouti aux résultats escomptés. Parallèlement, l'essor économique de la Chine a définitivement rebattu les cartes d'un paradigme d'ultra-domination américaine pendant plus d'une décennie, au sortir de la guerre froide, tant en termes de *hard* que de *soft power*. Si les Etats-Unis demeurent une puissance dominante au sein du giron international, l'écart qui les séparait des autres puissances étatiques s'est considérablement réduit au gré de la montée en puissance de la Chine. Cette dernière se pose comme l'adversaire le plus redoutable et redouté par Washington. L'opposition est réelle et semble partie pour s'inscrire dans la durée.

Dans ce choc des titans, un affrontement militaire constituerait un immense danger pour l'ensemble de l'humanité, raison pour laquelle un tel scénario paraît peu probable bien qu'il ne faille pas l'écarter. Il est plus probable que les intimidations militaires fassent partie du quotidien de cet affrontement sans que la situation ne bascule vers l'irréversible. En d'autres termes, le *hard power* est brandi pour opérer des menaces mais c'est sur d'autres terrains que le véritable affrontement va s'effectuer. Les critères ESG font indéniablement partie de ces terrains sur lesquels Washington et Pékin chercheront à affaiblir l'adversité.

Les critères ESG sont à bien des égards une arme au potentiel destructeur pour l'acteur qui en détiendra les règles du jeu. Comme déjà indiqué, l'éclatement d'un conflit militaire entre les Etats-Unis et la Chine ne doit pas être exclu dès lors que des intimidations militaires surviennent. Une escalade des tensions peut survenir à tout moment et échapper à toute forme de contrôle rationnel… à moins qu'il existe une volonté unilatérale ou bien bilatérale de vouloir en découdre de la sorte. Toutefois, il est plus probable que les deux belligérants aient intérêt à s'affronter sur d'autres terrains. La dimension militaire demeure effectivement un moyen classique de chercher à dissuader l'adversaire de recourir aux armes lorsque les forces en présence disposent d'équipements et de moyens logistiques pouvant menacer la vie sur Terre, il est souhaitable qu'aucune crise ne débouche sur le déclenchement d'hostilités militaires. Cependant, la rivalité sino-américaine doit être considérée de la sorte : les Etats-Unis entendent conserver leur leadership économique et militaire ; quant à la Chine, elle souhaite évidemment devenir le numéro un mondial.

La Chine est plus que jamais déterminée à atteindre les sommets. Elle est pressée d'y parvenir. Hong Kong en est une parfaite illustration. L'ancienne colonie britannique a vu son destin basculer avec plus d'un quart de siècle d'avance. Pékin en a décidé ainsi et malgré les critiques internationales, rien ne l'a empêché d'agir selon ses plans. Cela montre à quel point la Chine semble sûre de sa force. Elle demeure à ce jour la seule puissance étatique en mesure d'opposer un refus catégorique aux Etats-Unis avec la possibilité de riposter sans s'exposer à des sanctions trop contraignantes. A titre de comparaison, la Russie s'oppose régulièrement au monde occidental mais subit des sanctions qui la pénalisent. La Chine dispose d'une force supérieure. Cela a sans doute contribué à la montée en puissance de la finance verte dans le giron de la finance internationale. Si nous défendons le postulat d'un conflit militaire peu probable entre Washington et Pékin, l'affrontement économique sera, lui, fondamental.

Dans les relations internationales, une règle d'or s'impose naturellement : chercher à affaiblir l'adversaire. En l'occurrence, la santé économique de tout acteur des relations internationales constitue une force mais également un tendon d'Achille. Dans un environnement global où règnent les nouvelles technologies, l'affaiblissement d'un adversaire peut s'effectuer à distance, sans avoir à provoquer un dysfonctionnement de marché pour générer ou impulser une crise économique préjudiciable. En quelques instants, une attaque à distance, sournoise et inattendue, peu frapper une cible ennemie et occasionner des dégâts considérables. La cybersécurité a un avenir certain… tout comme les critères ESG qui peuvent à tout moment aboutir à des refus d'investissements motivés au nom de l'éthique ou de principes pour lesquelles le champ des définitions demeure relativement flou.

Par le passé, jamais un « principe » financier comparable, érigé au nom de la « responsabilité », n'avait été conçu en vue de sanctionner les acteurs déviants ou irrespectueux de nouveaux standards imposés par une puissance dominante. Deuxièmement, comme une évidence, jamais les relations internationales n'ont été aussi critiques en raison du poids grandissant de la menace technologique. Certes, la guerre froide fut un affrontement technologique dans la mesure où l'idée consistait à montrer à l'adversaire des avancées significatives dans le domaine de l'armement ou bien de la maîtrise de l'atome. Cette réalité existe toujours à la différence près qu'il n'y a plus besoin de communiquer sur des inventions ou innovations : tout le monde peut se sentir menacé à tout instant et se retrouver victime d'une cyberattaque. Le numérique a incontestablement influencé l'évolution des relations internationales. Il est possible de déstabiliser ou de neutraliser un adversaire à distance. En ce sens, un nouvel ordre mondial est en train de s'établir puisque les moyens traditionnels de *hard power* sont désormais concurrencés par les nouvelles technologies. C'est ainsi que l'affrontement sino-américain va notamment s'appuyer sur ces nouvelles technologies aussi bien que sur des armes morales pour lesquelles la dimension portant sur le pouvoir de sanction d'un adversaire ne doit pas être occultée.

Chaque époque a ses acteurs dominants et est accompagnée d'avancées majeures dans le domaine des découvertes ou de l'innovation. Dans l'Histoire, traditionnellement, un acteur étatique dominant l'était pour plusieurs siècles. Depuis deux siècles et la révolution industrielle, tout a évolué à une vitesse fulgurante au gré des inventions technologiques, de la réalité des relations internationales, de l'accoutumance voire de l'addiction du monde aux ressources naturelles, aux pensées politiques, etc. Depuis le XIXème siècle, l'évolution générale de la politique et de l'économie mondiale a été marquée par la vitesse. Plus le temps a passé et plus le facteur vitesse a été déterminant. Au cours du XXème siècle, ce facteur a été d'autant plus déterminant puisque les jeux de puissance ont surtout marqué la fin des empires et des situations de domination qui n'ont plus été aussi durables que par le passé. Les idéologies ont eu une incidence certaine sur les relations internationales de même que les impératifs de consommation. Les ressources naturelles n'ont jamais été autant consommées qu'au cours des XXème et XXIème siècles.

Quant aux jeux de pouvoir, deux guerres d'envergure planétaire ont profondément modifié les relations internationales. Jamais par le passé, des conflits militaires n'avaient eu une telle incidence et mobilisèrent autant de ressources humaines et autres. La globalisation n'a jamais été aussi intense. Les relations internationales sont manifestement influencées par des phénomènes de grande échelle, en l'occurrence les processus globaux. Démographie, besoins croissants de consommation et autres facteurs contribuent à façonner la réalité politique et économique internationale. A cela, il convient d'ajouter la technologie et plus particulièrement les nouvelles technologies de pointe. Tout cela contribue à la mise en place d'un climat anxiogène omniprésent et pour lequel les capacités de nuisance sont considérables. Ainsi, la consommation intense de certaines ressources naturelles interpelle quant aux conséquences sur l'environnement. Les avancées scientifiques, notamment en matière d'armement, font que les armes développées disposent d'un potentiel destructeur toujours plus puissant.

En définitive, c'est la gouvernance politique et économique mondiale qui pâtit désormais de cet état de fait. Les moyens de pression, d'intimidation ou de dissuasion croissent en intensité tandis que toute information, rumeur ou cyberattaque peut être déployée et diffusée en un temps record. Bien que la liste des dangers exposés ne soit pas exhaustive, la réalité des relations internationales contemporaines est implacable : les empires ne sont plus faits pour durer. La domination hégémonique des Etats-Unis des années 1990 est désormais fortement contestée par la Chine. C'est dans ce contexte qu'est apparue la finance verte qui fut pourtant théorisée dans les années 1980 tandis que la guerre froide animait encore les relations internationales d'alors. Depuis lors, l'affrontement Est-Ouest s'est achevé pour laisser la place à une domination hégémonique américaine sans précédent... qui fut de courte durée puisque les années 2000 marquèrent un nouveau tournant avec l'irruption de nouveaux acteurs perturbateurs : les organisations terroristes islamistes. D'ordinaire, les guerres opposaient des Etats. Les guerres contemporaines ne concernent plus uniquement des Etats. Quant aux « armes » visant à affaiblir l'ennemi, elles se diversifient. L'utilisation de certaines peut engendrer des conséquences irréversibles et menacer la vie sur Terre. Il est par conséquent logique que d'autres « armes » soient pensées pour frapper autrement. La finance verte en fait partie. De même, pendant le XXème siècle, le pétrole fut la ressource naturelle au pouvoir d'influence le plus grand. Au XXIème siècle, la volonté de certains Etats, les Etats-Unis et l'UE en tête de vouloir effectuer une transition énergétique vers la décarbonation progressive de l'économie mondiale va avoir une incidence majeure sur les relations internationales puisque l'influence du pétrole sur la politique et l'économie mondiales sera amenée à décliner. Or le pétrole était un élément central ou du moins présent dans quasiment toutes les grandes crises politiques et économiques du XXème siècle. Là encore, il s'agit d'un argument qui plaide en faveur d'une importante évolution en devenir au sein des relations internationales.

Ces dernières sont en train de connaître une évolution majeure puisque les rapports de puissance changent. La technologie (et plus précisément les nouvelles technologies) prend toujours plus d'importance et certains processus globaux (réchauffement climatique, démographie croissante, guerres, etc.) vont favoriser les déplacements de populations. En d'autres termes, à grande échelle, d'autres problématiques surgiront et constitueront des facteurs de déstabilisation socio-politique. Ainsi, le paradigme de l'état-nation sera une nouvelle fois au cœur d'enjeux politiques et sociétaux. Il est déjà soumis à de nombreux débats au sein de l'UE, un espace géographique au sein duquel les Etats membres ne partagent pas une vision unanime concernant la manière de gérer les crises migratoires. Deux grandes catégories d'Etats peuvent être mises en avant : ceux ouverts à une immigration contrôlée et ceux qui refusent toute forme d'immigration.

Le problème majeur repose sur le fait qu'au regard des problématiques mondiales et contemporaines, le phénomène migratoire va vraisemblablement s'amplifier et concerner dans les prochaines décennies des centaines de millions d'individus. Cela signifie que la vision nationale ou plutôt la conception de la nation va connaître des évolutions qui vont confronter les deux grandes perceptions de la nation telles que présentées par Ernest Renan ou Johann Gottlieb Fichte. En somme, le débat sera relancé sur une vision ouverte de l'approche nationale et reposant sur la volonté collective de vivre ensemble ou bien de tendre vers une approche plus tranchée et s'appuyant sur des caractéristiques communes présumées devant contribuer à la constitution d'une nation.

En allant plus loin dans la réflexion, de grandes vagues migratoires risquent également de remettre en question l'approche multi civilisationnelle développée par Samuel Huntington. En d'autres termes, pour que l'état-nation ne soit pas remis en question, l'approche française de la nation est celle qui doit théoriquement le mieux considérer de grandes vagues migratoires mais il existe toujours un écart considérable entre les pensées théoriques et la réalité du terrain. Lorsqu'en 2015 le continent européen fit face à une grande vague migratoire en provenance d'Asie et d'Afrique, les partis d'extrême droite eurent le vent en poupe dans plusieurs pays de l'UE… et pas uniquement puisqu'en 2016, les Etats-Unis élurent Donald Trump en qualité de 45ème Président tandis que le Brésil est dirigé par Jair Bolsonaro, un homme politique d'extrême droite, depuis 2019. Dans un état de bien-être économique, les partis d'extrême droite sont généralement moins sollicités par les électeurs. Le problème se pose surtout lorsqu'une société nationale rencontre des difficultés économiques ou autres. Dans pareil cas, c'est là que les dirigeants populistes ont le plus de chances de se faire entendre et d'être entendus. Leur discours tourne généralement autour d'accusations, de dénonciations et d'évidences : les dirigeants sont incompétents, l'immigration est la cause de nombreux maux, etc. Les discours populistes s'articulent autour d'une logique immuable mais qui parvient à sensibiliser le national qui conteste ou qui souhaite manifester une colère à l'égard des décideurs de son pays dont il ne partage pas les positions. Une grande vague migratoire sur le monde occidental va assurément avoir une incidence au sein des pays concernés par l'accueil des migrants et ce, quelle que soit la raison poussant à la migration (guerre, climat, etc.). S'il n'y a pas de bien-être économique au sein des terres d'accueil, la vision de la nation qui remportera les faveurs des électeurs aura de grandes chances d'être celle qui fut défendue par Fichte en son temps. Plus globalement, les processus globaux ne doivent pas être sous-estimés dans l'approche des relations internationales car ils seront assurément des facteurs influents. Toujours est-il que le paysage des relations internationales va continuer d'évoluer et d'être confronté à des problématiques qui nécessiteront une prise en considération en amont. Cette dernière devra faire en sorte de ne pas entraîner un effet de submersion qui risquerait de déboucher sur des effets indésirés.

Le nouvel ordre mondial ne va pas s'établir en raison de la seule rivalité qui oppose les Etats-Unis à la Chine. Cet affrontement dual va certainement être un facteur moteur ou central de l'évolution des relations internationales mais comme indiqué ci-dessus, il existe d'autres problématiques qui doivent impérativement être identifiées et considérées car elles auront inévitablement un impact sur les relations internationales. En somme, lorsque nous soulevons la question portant sur l'occurrence à venir d'un nouvel ordre mondial, la réponse est que les relations internationales connaissent une évolution permanente conjuguée à un phénomène d'accélération. Comme il a déjà été expliqué, depuis 1945 et la fin de la Seconde Guerre mondiale, la communauté internationale a connu de profondes évolutions avec l'émergence et la confirmation de la guerre froide pendant quatre décennies puis l'effondrement de cette rivalité duale pour aboutir à la domination écrasante d'une puissance étatique qui n'a jamais connu d'équivalent dans l'Histoire. A l'orée des années 1990, la domination américaine était telle qu'il était alors impensable qu'elle puisse être sérieusement concurrencée et contestée deux décennies plus tard. L'écart était alors immense entre les Etats-Unis et les autres Etats composant la communauté internationale. En somme, l'ordre mondial a évolué au gré d'événements ponctuels et d'autres situations beaucoup plus durables qui ont progressivement façonné la nouvelle réalité concurrentielle dans le monde.

Les attentats du 11 septembre 2001 ont été un tournant dans les relations internationales du XXIème siècle. Outre le fait que la puissance américaine ait été frappée en son sein, les symboles du pouvoir furent ciblés : la force financière fut frappée avec les crashs aériens perpétrés contre le World Trade Center. Quant à l'attaque contre le Pentagone, elle atteignit symboliquement le *hard power* américain. Ces événements tragiques eurent pour conséquence de révéler la vulnérabilité américaine contre ce type d'attentat mais ils constituèrent également l'élément déclencheur d'une nouvelle vision interventionniste : la traque contre les organisations terroristes et leurs soutiens. Il était attendu que ces attentats ne demeurent pas impunis mais lorsque les opérations militaires furent déclenchées en Afghanistan en 2001, il n'était pas prévu qu'elles se poursuivent sur deux décennies et qu'elles connaissent in fine le scénario le plus redouté : le retour au pouvoir des personnes qui en furent chassées à l'orée des années 2000.

Pendant vingt ans, la réalité du terrain en Afghanistan ou en Irak a montré les limites de la puissance militaire américaine et plus globalement occidentale. Les standards occidentaux ont été sérieusement ébranlés par l'incapacité à pacifier des zones au sein desquelles le monde occidental est intervenu pour lutter contre le terrorisme, assurer et soutenir le processus d'un *nation-building*. Le retrait chaotique des troupes américaines d'Afghanistan constitue le dernier chapitre d'une intervention de longue durée qui s'est soldée par un échec. Les chaos afghan et irakien ont décrédibilisé le leadership américain tandis que concomitamment, d'autres Etats émergeaient à grande vitesse.

En premier lieu, la Chine peut être citée puisqu'elle est parvenue en peu de temps à se constituer une redoutable force économique qui lui a également permis d'optimiser sa puissance politique au point que Pékin communique volontiers sur son intention de contester la domination économique américaine. Dans une moindre mesure, la Russie a connu une résurrection rapide au regard de l'héritage laissé par la dislocation de l'URSS. Moscou a connu une embellie économique dans les années 2000 en raison de la hausse des prix d'échange des matières premières que la capitale russe exporte en grande quantité. Le Président Poutine a rapidement montré ses ambitions politiques à l'international et n'a pas hésité à entretenir des relations diplomatiques tumultueuses avec les Etats-Unis mais également avec l'UE. Plusieurs crises politiques sont survenues entre Moscou et le monde occidental, ce qui valut un rapprochement stratégique entre la capitale russe et Pékin. A défaut d'évoquer une alliance sino-russe, il est plus juste d'évoquer une vision partagée de ne pas céder aux demandes ou aux exigences occidentales.

Le nouvel ordre mondial correspond davantage à un désordre mondial dès lors que les relations internationales sont animées par des pôles multiples. Sans provocation, nous faisons référence à un désordre afin de souligner le niveau d'incertitude grandissant autour d'un avenir qu'il est toujours plus difficile de prévoir ou d'anticiper au travers de tendances lourdes. Ces fameuses tendances lourdes brouillent les pistes. Ainsi, bien que le monde soit multipolaire et que la rivalité Etats-Unis-Chine soit amenée à devenir le grand affrontement du XXIème siècle, tout moyen d'intimidation ou de dissuasion peut à tout moment changer le cours des choses. Les principales puissances militaires mondiales développent des programmes d'armes secrètes et il arrive que des communications soient faites sur le sujet afin d'envoyer un message à l'adversité.

En juillet 2021, la Russie communiqua sur la fabrication d'un nouveau missile hypersonique qu'elle qualifie d'arme invincible. Ce n'est qu'un exemple parmi d'autres. Chacun s'efforce de développer de nouvelles armes aux propriétés de défense ou de nuisance toujours plus puissantes et potentiellement destructrices. Il faut comprendre les messages politiques. Depuis plusieurs années, le Président Poutine évoque un monde multipolaire. Entre les lignes, il indique ainsi son refus de reconnaître un monde unipolaire dominé par les Etats-Unis. Deuxièmement, par multipolarité, il induit une concurrence à la domination américaine qui soit de qualité mais également en quantité. En d'autres termes, il sous-entend que les Etats-Unis doivent considérer autrement la puissance chinoise mais également la russe. Cela est un minimum puisque d'autres puissances étatiques pourront à l'avenir se mêler à la table des grands décideurs ou dominants du monde tant en matière de *hard* que de *soft power*. Il existe par conséquent une réalité internationale comme suit :

- Les armes développées sont de plus en plus puissantes par les principales puissances militaires dominantes ;
- L'écart économique se réduit toujours plus entre les Etats-Unis et la Chine notamment ;
- Certains processus globaux vont rebattre les cartes : le changement climatique va impacter le phénomène migratoire considérant que la surface habitable dans le monde tendra à se réduire. Les problématiques démographiques, d'emploi, d'accès aux ressources naturelles, etc. sont autant de phénomènes à considérer comme des facteurs de tensions ou de crises à venir ;
- La déstabilisation ou l'instabilité socio-politique dans certaines régions va accroître les jeux de pouvoir ou d'influence au sein des puissances dominantes comme la crise afghane ;
- De nouveaux moyens de pression font désormais partie de la réalité des relations internationales : les nouvelles technologies peuvent impacter un acteur public ou privé à distance tandis que la finance verte s'appuie sur des standards indéfinis mais susceptibles de contrarier d'importants besoins de financement ;
- La transition énergétique va jouer un rôle crucial avec le déclin programmé à venir du poids du pétrole dans le monde. D'autres ressources seront amenées à supplanter le pétrole dans le futur et il semblerait que la finance verte puisse s'imposer comme un véritable moyen de substitution à l'or noir en matière d'instrument de puissance ou d'intimidation dans le monde.

Voici donc quelques points qui tendent à indiquer que le nouvel ordre mondial est toujours plus incertain en raison de facteurs ou de tendances qui sont en train de se mettre en place mais qui complexifient les relations entre Etats et / ou en intégrant des acteurs privés. Des entreprises privées disposent en effet de moyens économiques considérables qui dépassent parfois ceux d'Etats. Le monde évolue à grande vitesse. Ce constat est indéniable. Quant à la rivalité Etats-Unis-Chine, elle ne doit pas occulter qu'il existe de nombreux autres acteurs institutionnels et privés qui peuvent à tout moment troubler ou perturber les relations internationales, et ce pour de nombreuses raisons. Tout cela contribue à affirmer que l'équilibre des relations internationales s'en retrouvera précarisé et toujours plus incertain.

Election et résultats indécis
Novembre 2020

3 novembre 2020 : le jour tant attendu est enfin arrivé ! Les Américains, en fonction de la législation de l'Etat dans lequel ils résident, avaient le choix entre plusieurs moyens de vote. Ils pouvaient voter à distance comme ils avaient la possibilité de se rendre dans les bureaux de vote, malgré la pandémie de la Covid-19 et les deux cent trente mille décès qu'elle a provoqués aux Etats-Unis. Jusqu'à la dernière minute, Donald Trump et Joe Biden ont mené leur campagne électorale en vue de conquérir l'électorat indécis. Le candidat démocrate disposait globalement d'un avantage dans les intentions de vote selon les instituts de sondage mais tout le monde a toutefois gardé en mémoire le camouflet de 2016 et la défaite d'Hillary Clinton alors que la victoire de cette dernière semblait acquise. Si le Président sortant n'a jamais ménagé ses efforts pour battre campagne en dépit d'une contamination au coronavirus, sa gestion de crise de la pandémie lui a été reprochée avec les conséquences économiques induites. De plus, il a souvent été attaqué sur sa perception de la crise sanitaire qu'il a prétendument sous-estimée et dont il n'a manifestement pas mesuré la gravité réelle. La Covid-19 lui a nui.

Pourtant, avant que ce fléau sanitaire ne s'abatte sur l'ensemble de la communauté internationale, Donald Trump disposait d'un bilan globalement positif, notamment en matière économique où son fameux slogan « *America first* » a largement favorisé les entreprises américaines et l'emploi. Certes, certaines promesses électorales n'ont pas été tenues comme la construction d'un mur à la frontière avec le Mexique qui devait être financé par Mexico, selon les dires de Donald Trump, n'a en définitive pas vu le jour sauf pour ce qui est d'une portion de quelques dizaines de kilomètres… financée par des fonds américains. C'est dans un climat particulier, très houleux, que s'est déroulée la campagne électorale avec son lot de polémiques, d'attaques violentes opérées par les camps en présence sur fond de tensions sociales et raciales : les Américains se sont massivement mobilisés et plus de cent millions d'entre eux ont voté, ce qui constitue un record mais en même temps un précieux indicateur sur l'état d'esprit général qui règne aux Etats-Unis. La population nationale est aussi divisée que le sont les élites politiques qui sont engagées dans une lutte qui ressemble à s'y méprendre à une véritable guerre.

A l'approche du jour J, les craintes sont grandes dans la patrie de l'Oncle Sam où des scènes inhabituelles ont été constatées avec l'érection de barricades devant de nombreux commerces dans les grandes villes en raison d'un ressenti de risque de tensions opposant partisans républicains et démocrates, comme s'il était déjà anticipé que l'issue du vote déboucherait nécessairement sur une non-reconnaissance d'une défaite électorale. Dit autrement, la situation est très préoccupante et le calme social ne pourra survenir qu'en cas de sagesse du camp perdant de reconnaître sa défaite électorale… sauf en cas de dysfonctionnement manifeste dans le comptage des votes, hypothèse qui ne favoriserait pas l'apaisement politique et social.

L'élection présidentielle américaine (mais également celle portant sur la désignation des Représentants, des Sénateurs et des Gouverneurs d'Etat) avait depuis longtemps été identifiée comme l'événement majeur du calendrier politique international pour ce qui est de l'année 2020. Tout le monde attendait de connaître qui de Joe Biden le mesuré ou de Donald Trump le fantasque et insaisissable parviendrait à conquérir les votes de l'opinion publique. Les intentions de vote publiées par les sondages annonçaient un écart relativement conséquent en faveur de Joe Biden mais à l'issue du vote et à l'annonce des premiers résultats, il s'avéra que l'écart n'était pas aussi grand qu'annoncé et qu'à défaut de se diriger vers une victoire facile, le camp démocrate allait surtout devoir constater des défaites dans des Etats pour lesquels un succès de Joe Biden était attendu et devait contribuer à s'assurer une majorité de grands électeurs acquis. Le problème est que tous les Etats n'ont pas la capacité d'annoncer des résultats définitifs le même jour car pour certains, il va falloir prendre le temps de dépouiller les votes exprimés par voie postale et dont le cachet de la poste fait foi pour valider un vote. Des Américains ont attendu le 3 novembre pour s'exprimer et certains votes ne seront pas connus avant plusieurs jours, le temps de recevoir tous les courriers.

Dans un premier temps, des résultats seront annoncés sans pour autant être définitifs. Enfin, lors de chaque élection présidentielle, la coutume veut que le perdant appelle son adversaire pour reconnaître sa défaite. Cela ne s'est pas produit entre Donald Trump et Joe Biden. Pire, chacun d'eux a publiquement annoncé ses grandes chances de succès. Toutes ces conditions ne favorisent pas un dénouement pacifique. Il est effectivement à craindre que les résultats définitifs soient contestés, que la Cour Suprême fédérale soit saisie in fine mais qu'il y ait également des débordements sociaux. Ce scénario était craint et il est malheureux de constater que ses chances de survenance augmentent au fur et à mesure que les dépouillement indiquent un faible écart entre les deux principaux candidats de l'élection. Il y a lieu de s'inquiéter de la tournure des événements. Le fond du problème n'est pas relatif à l'organisation du scrutin et des conditions dans lesquelles il s'est déroulé. Le vrai problème est la haine opposant les principales forces politiques en présence et l'envie d'en découdre pour anéantir l'adversaire au travers des affaires les plus incompatibles avec les qualités exigées pour un Président des Etats-Unis d'Amérique.

La confirmation d'un malaise persistant

Faut-il s'étonner de la tournure des événements ? La réponse est négative. Tous les faisceaux d'indice concordaient pour anticiper ce qui allait se passer le 3 novembre. Le ton avait été donné par le Président sortant qui, depuis plusieurs semaines, avait annoncé qu'il contesterait les résultats en cas de défaite électorale en invoquant de possibles dysfonctionnements dans l'organisation de l'élection. Cette annonce pouvait être considérée comme un moyen d'intimidation adressé au camp démocrate mais il s'avère qu'il n'y avait aucune tentative de bluff : Donald Trump s'était persuadé de contester les résultats. Il ne pouvait pas perdre ! Faut-il y voir la détermination invétérée d'un mauvais perdant connu pour ses facéties publiques et ses tricheries lorsqu'il joue au golf ? Non. La réponse est évidemment non. En agissant de la sorte, il ne fait que mettre en avant un problème persistant aux Etats-Unis : depuis le début de sa mandature, sa gouvernance de l'Etat a été fortement perturbée par de nombreuses affaires portées par les Démocrates et dont le seul objectif était de compromettre Donald Trump. Il fallait qu'il soit poussé vers la sortie par tout moyen. C'est ainsi qu'éclata l'affaire sur la prétendue collusion russe dont nous savons qu'elle a été savamment orchestrée à la seule fin d'associer le nom de Donald Trump à la Russie, pays accusé d'avoir recouru à des cyberattaques en 2016 pour perturber l'élection présidentielle d'alors. Le but fut de montrer que Donald Trump avait bénéficié d'une bienveillante aide russe pour trouver les moyens de battre Hillary Clinton. Depuis lors, les ennuis n'ont jamais cessé.

Donald Trump a fait l'objet d'une longue enquête pilotée par le FBI en raison des suspicions de collusion avec la Russie. Lorsque le directeur de la police fédérale fut congédié en mai 2017, un procureur spécial fut nommé par le Department of Justice (DoJ) en vue de poursuivre l'enquête initiée par le FBI. La reprise de cette enquête fut assurée par Robert Mueller, lui-même ancien patron de l'institution et dont le travail se poursuivit pendant près de deux ans jusqu'à la remise de ses conclusions au DoJ qui survint en mars 2019. Il ne put apporter la preuve d'une collusion Trump-Russie, chose pour laquelle le principal suspect claironna ensuite un message dénonçant une chasse aux sorcières arbitraire, un canular ou autres qualifications dénonçant l'incongruité de l'affaire. Le problème est que le camp démocrate, peu satisfait par les conclusions du Special Counsel (procureur spécial) Robert Mueller, fonda certaines interprétations dans lesquelles il crut percevoir une manière sibylline de dénoncer des liens suspects survenus entre Donald Trump et la Russie. Cela valut à Robert Mueller d'être interrogé par deux comités du Congrès en juillet 2019 pour éclaircir des points obscurs dans ses conclusions. Visiblement mal à l'aise, il n'apporta aucun élément permettant aux Démocrates de poursuivre l'affaire Russiagate à un niveau encore plus poussé.

Le lendemain de l'interview de Robert Mueller, Donald Trump passa un appel téléphonique à son homologue ukrainien, appel pendant lequel il fut demandé à Volodymyr Zelensky de lancer des investigations sur des activités suspectes de la famille Biden en Ukraine. Plusieurs semaines plus tard, une enquête fut ouverte par le Congrès et aboutit à la procédure en impeachment pour laquelle le Sénat finit par refuser la destitution de Donald Trump. Tout cet historique ne fait qu'exposer la partie émergée de l'iceberg. Le mal est beaucoup plus profond. Pourtant, ces quelques lignes explicatives montrent la détermination du camp démocrate à trouver le moyen légal de faire destituer Donald Trump ou bien de le pousser à démissionner.

Nous avons suivi l'évolution de l'affaire de très près. Nous avons surtout compris que le camp démocrate avait incessamment insisté pour nuire à Donald Trump mais au moyen de procédés qui ont manifestement transgressé les règles de droit fédérales. Le scandale est immense car à l'origine, l'opération Crossfire Hurricane déclenchée par le FBI était difficilement justifiable mais fut légitimée par des manœuvres qui n'ont aucun fondement légal. Le temps a favorisé l'oubli des conditions qui influencèrent le déclenchement de l'opération mais c'est sur la base d'une information prétendument communiquée par Joseph Mifsud, un professeur d'université maltais, à George Papadopoulos, alors membre de l'équipe de campagne électorale de Donald Trump, selon laquelle la Russie détenait beaucoup de mails compromettants contre Hillary Clinton. Il ne fut jamais prouvé que Joseph Mifsud ait effectivement communiqué cette information alors que ce dernier s'est toujours défendu d'avoir communiqué cela à George Papadopoulos. Pourtant, c'est ce qui permit le déclenchement de l'enquête du FBI puis ce qui devint des opérations de surveillance et d'espionnage à son égard.

Depuis longtemps, Donald Trump avait compris ce qui était en train de se produire mais était systématiquement bloqué par des envies de communiquer qui pouvaient se retourner contre lui sur fond d'entrave à la justice ou bien d'abus de pouvoir. Les accusations à son encontre furent nombreuses, acérées et devaient l'abattre. Considérant cela, comment peut-on imaginer un seul instant qu'il n'ait pas l'envie d'en découdre avec un adversaire qui était au moment des faits le vice-président des Etats-Unis ? C'est notamment la raison pour laquelle tout fut organisé pour dénoncer les accointances présumées de la famille Biden avec des pays tels que l'Ukraine, la Russie ou encore la Chine. Malgré les dénonciations, rien n'a permis de prouver jusqu'à présent que le candidat Joe Biden n'avait aucune légitimité à représenter le camp démocrate pour l'élection présidentielle. Par conséquent, il a le droit de vouloir conquérir la présidence américaine. Nous savons toutefois que la bataille électorale a toutes les chances d'être perturbée par les rancœurs anciennes qui seront exprimées au travers d'une contestation des résultats définitifs.

Troubles prévisibles

Mercredi 4 novembre, les dépouillements se poursuivent, les uns après les autres, chaque Etat fédéré annonce les résultats électoraux et par conséquent la couleur politique pour laquelle se prononceront les grands électeurs désignés, dans la grande majorité des cas. Le candidat démocrate a pendant longtemps été en tête. En fin de journée, avec l'annonce des victoires acquises dans les Etats du Wisconsin et du Michigan, il ne faisait plus aucun doute que Joe Biden deviendrait le 46ème Président des Etats-Unis d'Amérique. Il lui restait effectivement à ravir six grands électeurs supplémentaires pour s'assurer la majorité décisive. Alors que quatre Etats étaient encore en train d'achever le comptage des votes exprimés, il semblait que le Nevada et la Pennsylvanie accordent une victoire au camp démocrate.

Depuis plusieurs mois, Donald Trump avait fait part de son intention de faire valoir une fraude électorale en raison des votes exprimés par correspondance. Cela pouvait être interprété comme une forme de pression exercée sur l'électorat pour l'inciter à ne pas voter pour le candidat démocrate, une attitude anti fair-play et une grande provocation comme lui seul sait faire. En somme, une telle annonce pouvait relever du bluff. Pourtant, s'il n'a pas tenu tous ses engagements de campagne électorale pendant sa mandature, il a rarement bluffé lorsqu'il s'agissait de s'en prendre à ses détracteurs, à ceux qui ont fait leur possible pour l'affaiblir pendant les quatre ans passés à la Maison

Blanche. De toute évidence, Donald Trump ne veut pas que Joe Biden lui succède en raison des différends persistants qui entravent les relations entre le Président sortant et ses ennemis démocrates qui n'ont cessé de faire sortir des affaires compromettantes.

Il faut donc opérer une lecture de la situation à un double niveau. Entre les envies des uns d'en découdre et les règles normatives, la conséquence est que les actions menées ne le sont pas pour des raisons directes mais indirectes. Par tous les moyens, Donald Trump s'efforcera de trouver le moyen de faire en sorte que son adversaire ait à rendre des comptes à la justice américaine au sujet des activités impliquant son fils Hunter avec différents pays. Dans cette logique, il n'est donc pas surprenant qu'il ait intentionnellement décidé de perturber les derniers comptages de votes pour retarder la proclamation de la victoire finale de Joe Biden. Dans le camp républicain, on se montrait optimiste quant à une victoire finale de Donald Trump mais il s'avéra que les élections pour le Congrès, aussi serrées fussent-elles, donnaient plutôt un léger avantage au camp démocrate. De même, il y eut une forte mobilisation populaire pour cette élection présidentielle avec un taux de participation plus élevé que pour les dernières échéances de la sorte. Les votes exprimés par correspondance donnaient alors, d'après les instituts de sondage, un avantage au candidat démocrate. Lorsqu'il décida de s'adresser au peuple américain le 3 novembre alors que les premiers Etats avaient rendu leur verdict électoral, il n'y avait qu'une alternative : soit Donald Trump reconnaissait publiquement sa défaite, soit il s'engageait dans un bras de fer dangereux à l'issue incertaine. Il opta pour la seconde possibilité.

Ce choix n'était finalement pas surprenant. Il était toutefois redouté. A défaut d'avoir atteint le paroxysme d'une crise politique et institutionnelle interne, l'attitude de Donald Trump rappelle celle d'un mauvais perdant mais qui compte s'appuyer sur des irrégularités qu'il dénonce pour avoir la légitimité d'en recourir auprès de la Cour Suprême des Etats-Unis. Premièrement, il n'est pas certain qu'il obtienne gain de cause. Deuxièmement, il enfonce son pays un peu plus dans la crise car une telle décision comporte un risque élevé de tensions sociales entre partisans démocrates et républicains. Dans l'absolu, cette décision de contester la validité de l'élection est un acte anti-démocratique, sauf si les faits lui donnent raison et qu'il y ait matière à contester cette validité. Pour le bien des Etats-Unis, il est souhaitable que l'homme d'affaires new-yorkais n'ait pas usé d'un stratagème ultime sans raison fondée car, en l'occurrence, sur fond de droit, il ne ferait que reproduire ce qu'il a si souvent dénoncé chez ses adversaires depuis 2016. S'il a délibérément perturbé le comptage des voix alors qu'il n'y avait aucune raison légitime de le faire, c'est une atteinte à la démocratie. Malheureusement, tout ce qui se passe était prévisible. Il fallait s'attendre à ce que Donald Trump n'accepte pas de défaite électorale : il l'avait déjà annoncé en invoquant que si Joe Biden remportait le scrutin, cela signifierait qu'il y avait eu une fraude quelque part. L'accusation est extrêmement grave et peut induire une fracture sociale encore plus grande que celle que les Etats-Unis connaissent déjà depuis plusieurs mois. Pour l'exprimer autrement, Donald Trump joue avec le feu en ne voulant pas reconnaître sa défaite si d'aventure elle s'est déroulée dans des conditions irréprochables. Le problème réside dans sa volonté farouche d'en découdre avec l'ancienne Administration Obama et d'empêcher un de ses membres d'être démocratiquement élu. Une fois de plus, ce jeu est très dangereux car si l'élection s'est déroulée normalement, le vainqueur désigné doit être Joe Biden.

Nous devons faire un constat : l'Administration Trump n'est pas parvenue à faire éclater les scandales passés comme elle l'aurait souhaité. Il ne faut d'ailleurs pas y voir une responsabilité des médias. Pourtant, ces derniers ont fait le jeu du camp démocrate lorsque les affaires Russiagate et Spygate ont retenti dans le paysage politique et médiatique américain. Il y eut cet acharnement pendant lequel toute information compromettante à l'égard de Donald Trump faisait les grands titres de la presse, notamment pour tout ce qui relevait de la présumée collusion russe. Malgré les conclusions de Robert Mueller qui ne put établir de lien ayant permis une victoire électorale suspecte de Donald Trump en 2016, le doute persiste tandis que des informations rendues publiques ont montré que le dossier Steele (ce dossier, piloté par un ancien agent britannique du MI6, Christopher Steele, cherchait à montrer que Donald Trump et certains de ses proches étaient liés à des ressortissants russes de premier plan) était fantaisiste et que la procédure qui mena au déclenchement de l'opération Crossfire Hurricane reposait sur des fondements légaux suspects. L'origine de l'enquête demeure nébuleuse mais l'affaire Mifsud n'a finalement jamais été exposée au grand jour telle qu'elle aurait pu l'être. Cela a probablement joué dans la décision de Donald Trump de s'engager dans un bras de fer juridique pour ne pas reconnaître la validité de l'élection du 3 novembre, sans que pour autant cela légitime cette attitude.

Donald Trump avait des raisons personnelles de vouloir créer un scandale autour d'affaires concernant la famille Biden. Il prétendait détenir des informations permettant de soulever des interrogations sur la manière dont le fils Hunter a pu prospérer avec tant d'aisance en Ukraine ou en Chine. Le but de la manœuvre consistait à faire en sorte d'écorner l'image publique du candidat démocrate mais également de trouver le moyen d'amorcer une procédure judiciaire qui aurait peut-être eu pour aboutissement l'inéligibilité de Joe Biden. Selon nous, c'était le but recherché. Par faute de temps ou bien parce que la récolte des informations n'a pu aboutir à l'obtention de preuves matérielles et irrécusables, Joe Biden a pu mener sa campagne électorale malgré la mauvaise réputation que son adversaire voulait lui adjoindre. Le problème pour Donald Trump est que sa gestion de crise sanitaire a été mauvaise et qu'il a probablement été sanctionné dans les urnes pour cette raison. En fait, la différence s'est peut-être opérée par des électeurs qui ont voté Biden par défaut dans le seul but de s'opposer à Trump. Cela étant, alors que la crise politique et institutionnelle semble se dessiner chaque jour un peu plus, nous gardons à l'esprit que l'Administration Trump, malgré quelques déclassements d'informations confidentielles portant sur la famille Biden ou bien Hillary Clinton, n'a pu abattre son atout majeur, Joseph Mifsud, en raison de la probable réaction démocrate qui aurait été de contester une telle manœuvre qui aurait fait l'objet d'une suspicion d'interférence dans l'élection présidentielle. Notre question est la suivante : si Joe Biden devait être officiellement investi Président des Etats-Unis le 20 janvier prochain, est-ce que Donald Trump aura d'ici là sorti son atout Mifsud ?

La schizophrénie ambiante porte sur le fait que Joe Biden a été démocratiquement élu par le peuple américain alors que se pose en amont la question portant sur sa légitimité à être candidat à une élection présidentielle. C'est le fond du problème. En l'occurrence, il s'agit d'un bis repetita. En 2016, la même question pouvait être débattue concernant Hillary Clinton. Depuis lors, malgré quelques informations rendues publiques, rien n'a pu officiellement établir que l'ancienne candidate démocrate ait été l'architecte d'une manigance créée de toute pièce en vue de compromettre Donald Trump avec une sale affaire le reliant à la Russie. Les éléments déclassés n'étaient pas suffisamment probants pour que cela induise des poursuites judiciaires. C'est sur ce point que nous rebondissons sur le cas Joe Biden. A l'époque des faits, il était le vice-président des Etats-Unis. Or une note manuscrite déclassée montre que l'ancien directeur de la CIA John Brennan avait briefé le Président Obama sur une situation particulière qui devait déclencher l'opération Crossfire Hurricane. La question est : Joe Biden avait-il été mis au courant de ce qui allait se produire et évidemment concerner Donald Trump ?

Les interrogations sont nombreuses. Nous sommes toujours convaincus qu'il s'est passé des choses en 2015 et en 2016 qui n'ont pas respecté les règles normatives et éthiques qui doivent garantir le bon fonctionnement démocratique. Il s'agit d'opérations secrètes qui ont été menées à des fins électorales et en vue de favoriser la candidature puis l'élection d'Hillary Clinton. C'est ce que tend à montrer l'affaire Mifsud. Cet homme n'a pas été catapulté dans le sillage de George Papadopoulos par hasard. Le but était de piéger ce dernier, de l'introduire auprès de ressortissants russes afin d'étayer la thèse d'une collusion Trump-Russie. Il fallait donner du poids à cette version officielle en montrant que des membres de la garde rapprochée du candidat républicain avaient secrètement établi des liens avec des Russes. C'est ce qui s'est produit. Cela n'a pourtant jamais été publiquement accepté ou reconnu. George Papadopoulos s'est depuis lors exprimé devant le Congrès et a publié un livre [7] mais il n'a jamais été possible d'en faire de même avec Joseph Mifsud, ce dernier ayant mystérieusement disparu depuis novembre

---

[7] George Papadopoulos, *Deep State Target: How I Got Caught in the Crosshairs of the Plot to Bring Down President Trump*, EverAfter Romance, 26 mars 2019, 288 pp.

2017. Son témoignage aurait sans doute pu donner une autre orientation au Russiagate-Spygate.

L'invocation de la fraude électorale

Cette stratégie indigne en Europe. Le Président sortant cherche par tous les moyens à démontrer une fraude électorale dans plusieurs Etats fédérés, ceux notamment où le candidat Biden a remporté les grands électeurs. La multiplication des recours en justice s'est opérée et c'est précisément ce point qui inquiète de nombreux observateurs européens : Donald Trump n'est-il pas en train d'entraver la bonne marche démocratique de la gouvernance américaine ? La réponse est simple. Elle est affirmative s'il y a effectivement des abus de sa part de constatés. Elle est négative si la fraude électorale est prouvée. Trois jours après le scrutin, alors que plusieurs Etats n'ont toujours pas communiqué les résultats définitifs, Joe Biden semble parti pour remporter la majorité des grands électeurs qui éliront en décembre le vainqueur de l'élection présidentielle de 2020.

Le climat social est extrêmement tendu. Dans plusieurs grandes villes, les partisans des deux camps descendent dans la rue, les pro-Biden dénonçant une manœuvre anti-démocratique de Donald Trump tandis que les pro-Trump accordent un large crédit à la thèse de la fraude électorale. Le climat global est d'autant plus malsain que la société américaine apparaît de plus en plus divisée et que le plus grand risque est celui d'une perte de contrôle de la situation en cas de dégénérescence. C'est peut-être le cas de figure secrètement espéré par Donald Trump. Le 5 novembre, l'Etat du Michigan rejeta sa demande de recours relative à une dénonciation de fraude électorale. Pendant ce temps, Joe Biden opta pour un apaisement des tensions en communiquant de manière prudente. En effet, s'il rappelle qu'il a bon espoir de remporter le scrutin, il ne compte pas entrer dans une bataille de la communication avec Donald Trump dont il sait que la rhétorique sera offensive et dénonciatrice à l'extrême.

De notre point de vue, la situation relève d'une extrême perversité. Le Président sortant s'active pour trouver le bon mécanisme de droit qui remettrait en cause la validité de l'élection dans plusieurs Etats. Si cela devait être prouvé, il serait normal qu'il fasse valoir ce droit. Le problème est qu'il est suspecté de vouloir confisquer le pouvoir, de ne pas reconnaître sa défaite électorale en partant du principe qu'il ne pouvait pas perdre et qu'en pareil cas, la défaite ne pouvait provenir que d'une fraude. C'est dangereux de penser de la sorte car s'il y a un abus dans l'accusation, c'est tout l'édifice démocratique américain qui se retrouve potentiellement menacé par une dérive du pouvoir. Donald Trump est connu pour ses facéties, son caractère fantasque et volcanique mais il ne doit pas abuser de ses pouvoirs pour entraver le bon fonctionnement démocratique des institutions. Une fois de plus, il a peut-être de bonnes raisons de suspecter une fraude électorale qu'il n'avait d'ailleurs pas manqué d'évoquer plusieurs semaines avant le jour J lorsque les Américains eurent le droit de voter par correspondance.

Dans l'absolu, Donald Trump doit être sûr de son coup et s'assurer qu'il dispose de bons arguments ainsi que de bonnes informations pour dénoncer une fraude électorale. C'est une accusation très grave. S'il ment, il se sera érigé à tort contre les institutions démocratiques de son pays. De plus, il aura ouvert la voie à de futures contestations lors des prochaines élections présidentielles à venir. Cette mauvaise expérience serait très préjudiciable pour les Etats-Unis alors que rarement une élection présidentielle n'aura autant déchaîné les passions dans la patrie de l'Oncle Sam. Le 5 novembre, Donald Trump fit une allocution télévisée lors de laquelle il dénonça une nouvelle fois le « vol » de l'élection dont il a fait l'objet. Il regrettait amèrement que cela ne respecte pas la volonté du peuple américain, persuadé quand sans fraude, il aurait aisément remporté l'élection. Une telle déclaration poussa la chaîne MSNBC à interrompre l'intervention en direct tandis que CNN opta pour une diffusion intégrale de l'allocution… avant qu'un présentateur vedette de la chaîne ne fustige cette intervention en déplorant l'atteinte portée à l'équilibre démocratique national.

Quoi qu'il advienne, cette élection aura été marquée par un fait marquant : la non-reconnaissance d'une défaite électorale sur fond de suspicion de fraude. C'est un événement traumatisant à plus d'un titre car sur le fond, un camp politique a manifestement tenté d'empêcher le camp rival de gagner dans les règles de respect démocratique. Il y a forcément une partie qui ment à la population : soit Donald Trump prend un énorme risque en soulevant des suspicions infondées avec la possibilité d'induire un désordre institutionnel et social sur fond de mensonge ; soit l'accusation est fondée puis démontrée, auquel cas il faudrait également s'attendre à un sérieux désordre politique et social. Le grand perdant de cette élection est la démocratie. C'est d'autant plus regrettable que ce scénario était somme toute attendu : Donald Trump avait clairement annoncé son intention de contester sa défaite électorale en cas de défaite en livrant l'argument qu'il ne pouvait pas perdre sans le recours à une tricherie. Il a tenu parole. Il a perdu, n'a pas reconnu sa défaite et s'est engagé dans une bataille juridique inouïe pour tenter de démontrer ce qui finirait par sceller l'entrée des Etats-Unis dans sa plus grave crise politique et sociale depuis la guerre de Sécession. Alors que les résultats définitifs n'ont pas encore été annoncés, une citation célèbre issue du fameux discours de Gettysburg d'Abraham Lincoln doit résonner dans l'esprit de nombreux Américains : la démocratie, c'est le gouvernement du pcuple, par le peuple et pour le peuple.

Une stratégie de contestation pour mieux rebondir sur des affaires passées ?

En se démenant comme il le fait, Donald Trump a sans doute l'intention de faire parvenir un message à ses concitoyens : les Démocrates sont des tricheurs et sont par conséquent indignes de diriger les Etats-Unis d'Amérique. Une fois de plus, tout doit reposer sur une vérité : s'il y a eu mensonge ou fraude, il faut que cela soit démontré de manière irrécusable, que des preuves matérielles valident définitivement cette hypothèse. S'il ne parvient pas à le faire, il met son pays en danger en cherchant à conserver un pouvoir politique qui aurait été remporté démocratiquement par ses adversaires. C'est la raison pour laquelle les Etats-Unis traversent une crise politique d'une effroyable intensité mais qui pourtant était sous-jacente depuis plusieurs années, depuis l'investiture officielle de Donald Trump en janvier 2017. Nous avons l'impression que la contestation des résultats électoraux est une manière de dénoncer l'acharnement mis en branle par les Démocrates avec toutes les affaires politiques ou autres qui ont été dénoncées à la seule fin de le pousser vers la destitution ou la démission. Les plans démocrates ont été éconduits, y compris celui portant sur la procédure en impeachment ouverte dans le cadre du scandale du Ukrainegate.

Le Président Trump a sans doute des raisons personnelles de vouloir s'en prendre à ses adversaires démocrates mais si d'aventure Joe Biden a remporté régulièrement le scrutin présidentiel, il aura du mal à justifier tous les recours intentés sur fond de suspicion de fraude électorale. Le remède risque d'être pire que le mal. Donald Trump est animé par un profond désir de vengeance à l'égard de ceux qui ont fait leur possible pour perturber sa mandature présidentielle. Il faut toutefois veiller à ne pas contre-attaquer en mettant en péril les institutions démocratiques nationales. C'est probablement ce qui va être le plus difficile à faire valoir si aucune fraude électorale n'est décelée. En effet, nous suspectons une stratégie qui consiste à montrer par tout moyen que l'élection ne s'est pas déroulée dans des conditions parfaitement transparentes et que des irrégularités aient été constatées. D'autre part, il est effectivement possible qu'il y ait eu des erreurs de comptage lors du dépouillement des bulletins de vote mais cela n'induit pas forcément une fraude, c'est-à-dire une manœuvre intentionnelle de tricher. C'est ainsi que l'accusation de fraude est forte et dangereuse : elle laisse entendre que le camp démocrate a délibérément pris le parti de tricher. C'est une atteinte à la démocratie. Donald Trump va devoir prouver une intention coupable adverse. Ce cas de figure sera difficile à mettre en évidence.

Notre sentiment est que Donald Trump cherche à gagner du temps pour faire avancer une affaire au sein de laquelle Joe Biden serait directement incriminé, en relation avec les affaires apocryphes de son fils Hunter. En clair, son idée est de montrer que la famille Biden s'est enrichie dans des conditions suspectes voire de corruption. Est-il pour autant capable de faire invalider une élection dans le cas de figure où un candidat serait rattrapé par des affaires judiciaires dont la qualité des infractions pourrait lui ôter toute chance d'éligibilité si les faits reprochés devaient être sanctionnés ? Nous pensons que c'est la stratégie que Donald Trump cherche à développer. Si notre hypothèse est la bonne, nous ne savons pas ce que la justice américaine livrerait comme interprétation dans pareil cas. Est-il tout simplement envisageable de faire invalider une élection présidentielle avec un effet rétroactif ? Ce cas de figure ne s'est jamais présenté par le passé. C'est pourtant dans cette voie que le Président sortant semble s'engager : il veut manifestement faire en sorte que Joe Biden rende des comptes à la justice fédérale pour des présumées infractions anciennes qui pourraient lui ôter la jouissance de ces droits civiques en cas de condamnation.

De notre point de vue, Donald Trump n'a pas l'intention de s'arrêter aux conditions d'enrichissement de la famille Biden. Nous considérons qu'il s'agit en réalité d'une brèche pour ensuite déboucher sur des accusations encore plus graves. Pour nous, Donald Trump a envie de rouvrir le dossier Russiagate-Spygate. C'est à ses yeux le meilleur moyen de montrer que le camp démocrate a joué avec les règles de droit fédéral et mis en danger l'équilibre démocratique du pays. Nous ignorons s'il parviendra à ses fins mais nous sommes convaincus que si c'est sa véritable intention, la crise socio-politique américaine serait loin d'être révolue. Pire, elle ne ferait que commencer en s'exposant à des risques élevés de débordements sociaux avec la crainte que la situation ne finisse par échapper au contrôle des autorités fédérales.

En se lançant dans une politique de contestation de la validité des résultats électoraux, il est à craindre que Donald Trump se soit en réalité lancé dans une autre bataille mais qu'il aura du mal à justifier à partir d'une dénonciation de fraude électorale, si tant est qu'il y ait effectivement eu une fraude. S'il déclenche de telles hostilités pour des soupçons infondés, le mal créé sera durable. Nous étions convaincus qu'il n'accepterait pas le scénario d'une défaite électorale car sa volonté est de dénoncer les acteurs qui lui ont causé du tort pendant toute sa mandature, de dénoncer les gens de l'ancienne Administration Obama qui, selon lui, ont manigancé cette invraisemblable affaire Russiagate lorsque Joe Biden était encore le vice-président des Etats-Unis. C'est pour cette raison que nous sommes convaincus que Donald Trump ouvrira une nouvelle brèche de crise dans le paysage politique américain, qu'il finisse par reconnaître sa défaite électorale ou non, son envie d'effectuer un grand déballage public étant devenue irrépressible.

L'appel à déclasser des documents sensibles

Le 8 novembre, alors que certains élus Républicains reconnaissent la victoire électorale de Joe Biden, Donald Trump refuse toujours d'accepter ce qui a été publiquement annoncé par les médias américains. Il entend poursuivre sa bataille sur deux horizons : premièrement, ouvrir un maximum de recours juridiques pour tenter de faire reconnaître une hypothétique fraude électorale ; deuxièmement, un appel à déclasser de nombreux documents que nous présumons indépendants de l'élection du 3 novembre mais qui feraient référence à de vieilles affaires qu'il entend rouvrir en vue de trouver un moyen de compromettre Joe Biden et ses alliés. La manœuvre n'est pas dénuée de dangers. Il nous semble que son intention est de raviver l'affaire Russiagate et de chercher à démontrer qu'il a effectivement été la victime d'une tentative de complot pour l'élection présidentielle de 2016 qu'il était finalement parvenu à remporter. L'affaire Russiagate (puis Spygate) avait ceci de particulier qu'une enquête avait été ouverte à son encontre en vue de déterminer s'il y avait bien eu des relations établies avec des ressortissants russes qui lui auraient permis de remporter l'élection. L'enquête a été initialement ouverte par l'ancien directeur du FBI James Comey puis poursuivie par le DoJ avec la désignation d'un enquêteur indépendant lorsque ce dernier fut congédié par Donald Trump en mai 2017. Les conclusions du Special Counsel Mueller furent remises au DoJ en mars 2019. Depuis lors, l'affaire Russiagate a semblé être destinée à ne plus être ressortie…

Il y a deux approches relatives à ce scandale. Premièrement, celle qui valide la version officielle, celle communiquée par l'Attorney General (ministre de la Justice) William Barr qui exposa publiquement qu'il n'y avait eu aucune collusion Trump-Russie de démontrée. Cette version eut pour conséquence la réaction triomphale de Donald Trump qui clama ouvertement qu'il n'y avait aucune charge de retenue contre lui et que le rapport Mueller démontrait qu'il avait été la victime d'une odieuse tentative de compromission. Deuxièmement, il y a la version qui consiste à affirmer que William Barr n'a pas pleinement rendu compte du rapport Mueller et qu'il est parvenu à conserver secrètes des parties du rapport qui incrimineraient Donald Trump… D'anciens agents du FBI sont par ailleurs convaincus que leur ancien patron (pendant douze ans) était parvenu à mettre en évidence des relations troubles liant Donald Trump à des hommes d'affaires russes qui auraient pu avoir une incidence sur le déroulement de l'élection présidentielle de 2016. En effet, aux dires de certains, le Président élu serait devenu, au gré de ses relations avec des ressortissants russes fortunés, un agent des services de renseignement russes… Dans tous les cas, les protagonistes en présence s'accordent sur un point : l'attitude dénoncée chez l'adversaire porte atteinte aux fondements démocratiques du pays. Pour ce qui est de l'analyse contextuelle, c'est un fait : à défaut de déterminer qui a raison ou tort, les accusations sont d'une telle gravité de part et d'autre qu'il y a à l'évidence des menteurs qui mettent en péril la démocratie des Etats-Unis d'Amérique.

Nous ignorons ce que Donald Trump entend faire ou déclasser mais nous présumons qu'il compte revenir sur cette affaire si douloureuse pour lui et pour laquelle il ne cesse de rappeler qu'il a fait l'objet d'une campagne de surveillance et d'espionnage qu'il entend dénoncer en déclassant des documents qui pourraient confirmer ses dires. La question est de déterminer la marge de manœuvre dont il disposera et s'il a la possibilité de pouvoir déclasser tout ce qu'il souhaite. En effet, pour ce qui est de l'enquête ouverte par le FBI, il ne s'agit pas d'une enquête criminelle publique mais d'une affaire de contre-espionnage qui relève du secret confidentiel. Il n'a jamais cessé de marteler que les conditions de l'enquête regorgeaient d'éléments qui n'avaient pas respecté les règles de droit. En l'occurrence, s'il parvient à déclasser ce qu'il souhaite, nous ne serions pas surpris de voir réapparaître le nom d'un personnage important qui œuvra dans les opérations de surveillance et d'espionnage en la personne de Joseph Mifsud, l'enseignant universitaire maltais qui avait pris contact avec George Papadopoulos. Ses présumés propos portant sur une information indiquant que la Russie possédait des dizaines de milliers de mails compromettants contre Hillary Clinton, une fois rapportés au FBI, avaient contribué à l'ouverture de l'opération Crossfire Hurricane. Si Donald Trump relance cette affaire en procédant à des déclassements d'informations, il va rouvrir une boîte de Pandore tandis que le DoJ attend les conclusions du procureur John Durham qui diligente une enquête relative à la première enquête qui fut pilotée par Robert Mueller. En clair, si Donald Trump n'obtient pas satisfaction dans les recours juridiques engagés pour faire invalider les résultats du 3 novembre, il est très probable qu'il se rabatte sur l'affaire Russiagate pour laquelle il aspirera à donner un nouvel élan en apportant de nouveaux éléments à ce qui est déjà connu… sachant qu'en ligne de mire, il vise l'ancienne Administration Obama et son ancien vice-président, Joe Biden. Cette manœuvre est sans doute la dernière carte que le Président sortant pourra abattre avant de devoir procéder à la passation de pouvoir en janvier 2021. D'ici là, les débats risquent d'être animés aux Etats-Unis. Tout semble indiquer que Donald Trump ne reculera devant aucune option qu'il jugera opportune pour lui permettre de poursuivre son expérience présidentielle. Il est à souhaiter que les raisons invoquées soient légitimes et fondées. Dans le cas contraire, il est inutile de préciser ô combien elles seraient antidémocratiques.

Quelles options pour Donald Trump ?

Le 9 novembre, le ministre de la Justice William Barr autorisa l'ouverture d'enquêtes relatives au déroulement de l'élection présidentielle, tout en précisant toutefois qu'il existait des raisons de suspecter des fraudes électorales. Le même jour, Donald Trump licencia son ministre de la Défense, des rumeurs évoquant un froid entre les deux hommes, notamment lorsque le patron du Pentagone refusa de recourir aux forces armées sur demande présidentielle lors de pics de tensions raciales dans plusieurs grandes villes du pays. Donald Trump semble déterminé à aller jusqu'au bout. Il cherche par tout moyen à contester la validité de l'élection tandis que les soutiens indéfectibles qu'il escompte se raréfient, nombreux étant ceux qui l'appellent à reconnaître sa défaite. Plus il est contesté et plus il s'avance sur un terrain toujours plus glissant en optant pour des décisions qui suscitent la polémique. Il n'entend pas concéder la victoire à Joe Biden sans avoir recouru à tous les stratagèmes possibles pour essayer de conserver le pouvoir exécutif. Si personne ne parvient à prouver qu'il y a eu des manœuvres irrégulières volontairement exécutées afin d'impacter les élections, Donald Trump restera à jamais l'homme qui aura fait son possible pour conserver son pouvoir sans aucune intention de respecter les fondements démocratiques de son pays. Si rien ne permet de certifier une quelconque fraude, il sera désigné comme étant celui qui aura mis en péril la démocratie nationale alors qu'il a toujours fustigé l'attitude de ses adversaires à qui il reprochait précisément d'avoir enfreint les règles de droit fédéral pour l'élection présidentielle précédente. S'il détient des preuves, c'est sans doute le moment de les exposer à la lumière du jour.

Donald Trump est un personnage fascinant dans la mesure où il est clivant à l'extrême. Certains l'adulent tandis que les autres le haïssent mais cet homme dispose d'une qualité exceptionnelle qui est son pouvoir de conviction. Il est animé par un sens de la communication hors du commun, capable de renverser les situations qui lui sont en apparence les plus défavorables. Il est réputé pour être un menteur invétéré, quelqu'un qui se montre peu empathique et dont la seule obsession est la défense de ses intérêts personnels. Il refuse toute allusion à la défaite, seule la victoire compte et c'est de la sorte qu'il éblouit l'électorat américain en 2016 en promettant de faire de l'Amérique une puissance *great again*. [8] Son discours fit mouche. Homme d'affaires fortuné ayant connu des hauts et des bas au point d'avoir failli connaître la banqueroute, il ne se laisse jamais abattre malgré toutes les attaques dont il a pu faire l'objet. Il démontre une assurance stupéfiante que certains qualifient d'arrogance. Donald Trump est définitivement arrogant mais cet excès de personnalité a plu car on voit en lui un meneur, un homme qui indique la marche à suivre. « Faites-lui confiance et vous atteindrez le paradis ». C'est un slogan qu'il aurait pu mettre en avant. Il ne paraît jamais déstabilisé, toujours prêt à opposer une réponse cinglante et offensive. Il ne connaît pas la position défensive. Lorsqu'on l'attaque, il réplique tel un bulldozer chargé de déblayer un terrain de ses nombreux gravats. Il est réputé pour être menteur, manipulateur et peu digne de confiance. Pourtant, son discours continue de marquer les esprits et de convaincre de nombreux Américains que leur Président est effectivement victime d'une impitoyable cabale adverse qui lui conférerait presque le rôle d'un martyr.

---

[8] Traduction de l'auteur : à nouveau grande

Il convient de relativiser tout cela. Donald Trump a sans doute beaucoup menti tout au long de sa carrière. Arrogant, manipulateur et peu empathique, il l'est assurément. Il est mauvais perdant, cela ne fait aucun doute. A-t-il raison de se lancer dans une course effrénée visant à démontrer une fraude électorale planifiée par les Démocrates ? La réponse est négative s'il n'a aucun moyen de prouver ce qu'il avance. Pourtant, il dispose d'une option magistrale pour tenter d'inverser ce qui paraît désormais extrêmement compromis : un retour sur l'affaire Russiagate-Spygate. Cependant, il demeure une grande inconnue : considérons l'hypothèse qu'il détienne les preuves suffisantes pour démontrer que ses adversaires politiques eurent effectivement recours à des moyens illégaux pour le compromettre depuis l'année 2015, est-ce que cela pourrait déboucher sur une annulation de la victoire électorale de Joe Biden s'il devait être démontré qu'il était lié à des opérations illégales ? Autrement dit, dans un contexte où un candidat a été reconnu vainqueur par les médias mais pas par son adversaire direct, que de nombreux recours en justice ont été ouverts pour perturber le comptage des votes ou afin de tenter de faire invalider l'élection dans plusieurs Etats fédérés, une ancienne affaire serait-elle susceptible de rendre un homme inéligible tandis que l'élection s'est déjà déroulée et qu'il en sorte manifestement gagnant ? Ce cas de figure ne s'est jamais présenté par le passé. Parmi les quarante-quatre anciens Présidents, trente-cinq quittèrent leurs fonctions sans heurt avec une passation de pouvoir démocratique, huit décédèrent pendant leur mandat présidentiel et un seul, Richard Nixon, se résolut à démissionner avant de faire l'objet d'une humiliante procédure en impeachment ayant compris que sa cause n'était plus défendable. Pour ce qui est de Donald Trump, sa contestation des résultats électoraux est unique dans l'histoire politique nationale. Sa stratégie semble se dessiner : miser sur ce qui n'a jamais été soumis aux juristes américains et s'engager sur une tactique inédite qui amènera les magistrats à considérer un problème de droit qui n'a jamais été prévu par la règle de droit au niveau fédéral.

Conclusion

Les Etats-Unis traversent une grave crise politique, sans doute la plus grave depuis le scandale du Watergate qui vit le Président Nixon démissionner, acte unique dans l'histoire politique nationale. La crise est sans doute plus grave que celle des années 1970, peut-être la plus profonde depuis la guerre de Sécession. L'allusion n'est pas exagérée : nous assistons à un contexte stupéfiant et inattendu malgré la promesse faite par Donald Trump, celle refusant toute reconnaissance de victoire finale de Joe Biden. Il l'a fait ! A tort ou à raison, il a fait ce que personne n'avait osé faire avant lui, au nom de la démocratie. C'est pourtant cette dernière qui s'est considérablement fragilisée car quel que soit le résultat, qu'il y ait eu une fraude ou non, il existe forcément un menteur qui a nui aux fondements démocratiques du pays. Soit un camp politique a délibérément triché et cela constitue de fait une atteinte à la démocratie nationale ; soit Donald Trump n'admet pas de perdre et s'évertue à faire valoir une hypothétique voire fantaisiste affaire de fraude électorale pour empêcher son adversaire, démocratiquement élu, de devenir le 46ème Président de l'histoire des Etats-Unis d'Amérique… Dans pareil cas, si rien ne prouve une once de fraude électorale, il s'agirait également d'une atteinte aux fondements démocratiques nationaux.

Cependant, au-delà de ces enjeux politiques sur fond de souci démocratique, tout cela intervient à un moment où la société américaine paraît plus que jamais divisée. Donald Trump le sait et s'appuie sur cet état de fait pour créer encore plus de désordre et de discorde là où Joe Biden appelle la population américaine à rester calme. La sagesse du vieux lion démocrate est remarquable, sans doute est-il conscient que son rival n'abdique jamais sans avoir eu la certitude d'avoir épuisé tous les moyens existants pour parvenir à ses fins. Il ne se retirera de la course à l'affrontement qu'une fois lâché de tous et enfin convaincu qu'il ne peut plus inverser le cours des choses comme lui le souhaiterait. L'éthique de Donald Trump est sans doute contestable. Il ne fait jamais rien comme les autres, toujours prêt à enfreindre les règles de droit avec un certain talent pour faire en sorte de ne jamais être rattrapé par la justice fédérale. Sa personnalité fantasque fait le reste : il lui est permis de tout faire et de tout justifier même s'il créé l'émoi et l'indignation. Il est Donald Trump, un personnage facétieux qui amuse autant qu'il agace par son caractère déconcertant, volcanique et imprévisible.

Toutes les apparences semblent définitivement défavorables à Donald Trump, ses accusations de fraude électorale n'ont que très peu de chances d'aboutir et d'être démontrées... si tant est qu'il y ait eu une tentative prouvée de tricherie électorale. Un coup de théâtre peut toujours survenir et abonder dans le sens des accusations du Président sortant mais cette hypothèse paraît peu probable. Donald Trump jette ses dernières forces dans une bataille acharnée pour tenter de conserver son pouvoir politique qu'il ne compte pas transférer facilement à Joe Biden. Il demeure une option, certes très hypothétique quant au résultat final escompté, qui peut troubler cette période pendant laquelle les Etats-Unis sont supposés se préparer à une passation de pouvoir : la réouverture du dossier Russiagate-Spygate. Donald Trump n'est pas un enfant de chœur, c'est une certitude. Toutefois, il a de bonnes raisons de faire référence à ce qu'il qualifie de tentative de coup d'état qui faillit se produire en 2016. A cette époque, il y eut des manœuvres qui visèrent à le compromettre. Plusieurs affaires firent polémique et assurèrent une mauvaise publicité au nouveau Président élu : le dossier Steele, l'affaire de la réunion au sein de la Trump Tower à New York et autres dossiers peu reluisants en matière de mœurs ont mis à mal l'image de cet homme qui ne s'est jamais décontenancé et qui a toujours pris le parti de combattre.

Pour ce qui est du Russiagate, il a fait l'objet de tentatives de déstabilisation qui devaient conduire à une compromission. Des mécanismes furent mis en place afin de le piéger. C'est ce qui se produisit avec le Professeur Joseph Mifsud, cet homme dont le nom fut largement relayé lorsqu'éclata au grand jour l'affaire Papadopoulos dans les médias. Cet ancien conseiller de campagne électorale de Donald Trump se retrouvait dans un tourbillon médiatique car interrogé par le FBI puis arrêté par la police fédérale au motif de lui avoir menti. Le mensonge est une infraction grave aux Etats-Unis. George Papadopoulos avait fait référence à un étrange professeur d'université qui lui avait fait une confidence portant sur le fait que la Russie serait détentrice de nombreux mails compromettant Hillary Clinton… Ce mystérieux messager était Joseph Mifsud et son nom fut alors exposé dans les médias en octobre 2017. Quelques jours après cette exposition médiatique, le principal intéressé disparut. Ce fut alors le début d'un long feuilleton portant sur le passé de cet homme, ses relations suspectes et les raisons hypothétiques de sa disparition soudaine. Dans un premier temps porté disparu, des rumeurs faisant état de sa mort apparurent, augmentant ainsi la dimension mystérieuse entourant celui qui n'avait pas vocation à devenir célèbre de la sorte… Pourtant, cet homme incarne sans doute la démonstration que Donald Trump entend faire valoir pour définitivement prouver qu'il a effectivement été la victime d'une cabale incessante pendant toute sa mandature présidentielle et que ses adversaires ont bien transgressé les règles de droit pour le compromettre et le pousser à la démission ou à la destitution. Joseph Mifsud est le personnage occulte qui peut mettre en évidence ce qui a été véritablement manigancé dès lors que Donald Trump a publiquement fait part de son intention de se présenter à l'élection présidentielle de 2016.

Le 10 novembre, les tensions semblaient toujours plus vives avec un nouvel épisode médiatique marqué par l'interruption volontaire par Fox News d'une conférence de presse donnée par la porte-parole de la Maison Blanche alors qu'elle amorça son intervention en faisant part de sa conviction quant à des votes illégaux et des fraudes lors de l'élection. Le même jour, ce fut au tour du Secrétaire d'Etat Mike Pompeo de faire un commentaire dans lequel il se montra très confiant pour une transition vers un deuxième mandat présidentiel assuré par Donald Trump. Bref, une semaine après le grand jour électoral, le Président sortant ne s'avoue pas vaincu et multiplie les recours en justice tandis qu'aucune preuve n'est venue jusqu'à présent confirmer ses accusations. Il conserve toutefois des soutiens même si certains Républicains préfèrent reconnaître la défaite électorale de leur camp politique et accepter la victoire de Joe Biden.

De son côté, celui qui est présenté par les médias comme le vainqueur du scrutin présidentiel poursuit sa communication prévenante, dénuée de propos polémiques et pour laquelle il continue d'évoquer une transition qui s'opèrera en douceur comme pour tranquilliser les Etats-Unis. C'est probablement une bonne attitude alors que beaucoup de doutes subsistent car aucune institution officielle n'a à ce jour reconnu la victoire officielle de Joe Biden. Autrement dit, si aucune preuve de fraude électorale n'a pu être établie, cela ne signifie pas pour autant qu'il n'y en a pas eu. Il est tout à fait possible d'imaginer le scénario qui apporte la confirmation des accusations lancées par Donald Trump quant à des irrégularités électorales. Cependant, s'il parvenait à obtenir satisfaction, nous ignorons pendant combien de temps sévirait la crise politique. Il appartiendrait à la Cour Suprême de se prononcer sur l'invalidité de l'élection, ce qui constituerait une première pour une élection présidentielle. De plus, une telle décision ne serait que le prélude d'une nouvelle opération de bombardement du camp adverse. Dans tous les cas de figure, la lutte promet d'être féroce entre Républicains et Démocrates et Donald Trump jouera quoi qu'il advienne ses derniers atouts pour tenter d'inverser une situation qui lui est défavorable.

L'appel à tout déclasser demeure somme toute mystérieux dans la mesure où il s'agit d'un message très clair quant aux intentions mais nébuleux quant à la nature des documents visés. Comme évoqué ci-dessus, nous sommes convaincus que cela fait référence à la sombre affaire Russiagate et que cette dernière s'apprête à connaître de nouveaux rebondissements. Il se peut qu'il ait aussi l'intention de déclasser d'autres documents dont nous ignorons l'existence et qui tendent à révéler des contenus compromettants pour Joe Biden et l'ancienne Administration Obama. De notre point de vue, si des documents devaient être rendus publics, ils seraient en lien avec le Russiagate et le Spygate car l'atout majeur de Donald Trump demeure Joseph Mifsud. Pour le coup, nous savons que l'Administration américaine possède de nombreux éléments matériels relatifs à la vie de cet homme, à ses connexions professionnelles, à ses missions, ses accointances politiques et intellectuelles, ses anciens téléphones mobiles, etc. Le procureur John Durham poursuit son travail d'investigation tandis que nul ne sait ce qu'il a concrètement découvert ou mis à jour. Nous avons pensé pendant un temps qu'il rendrait son rapport avant la tenue de l'élection présidentielle. Ce n'est pas le cas. En revanche, nous sommes animés par une conviction : l'élection du 3 novembre 2020 restera à jamais celle symbolisant une grande fracture politique aux Etats-Unis et ayant conduit à un scénario surréaliste au regard des valeurs démocratiques tant défendues par la patrie de l'Oncle Sam dans le monde. Cela est en train de nuire à l'image des Etats-Unis dans le monde ainsi qu'à sa crédibilité sur la scène politique internationale.

Cours du pétrole et élection présidentielle américaine
Novembre 2020

A une semaine du grand jour électoral aux Etats-Unis, même si une partie des électeurs s'est déjà prononcée par voie de vote électronique, les sondages donnent majoritairement Joe Biden vainqueur du scrutin mais tout cela se déroule dans un climat particulier au sein duquel sous-estimer les capacités de renversement d'une tendance défavorable à Donald Trump constituerait une erreur d'analyse. Il faut garder en mémoire le scénario de l'élection présidentielle précédente, celle qui assurait alors une victoire certaine à la candidate démocrate Hillary Clinton avant que cette dernière ne réalise que son adversaire était finalement parvenu à acquérir davantage de grands électeurs qu'elle. Le Président sortant n'a pas encore perdu même si les tendances qui ressortent le plus sont celles d'une victoire démocrate. C'est peut-être en raison de ce climat incertain que les marchés pétroliers traversent à nouveau une période de vaches maigres et que les prix d'échange sur les marchés internationaux demeurent bas puisque équivalents à 40$ pour le baril de Brent et aux environs de 38$ pour le WTI. L'élection américaine n'est évidemment pas le seul élément politique explicatif de cette incertitude pesant sur les marchés financiers mais elle y contribue grandement malgré tout dès lors que cet événement électoral est celui qui cristallisera le plus l'attention de la planète entre ceux, nombreux, qui espèrent une victoire démocrate et ceux, beaucoup moins nombreux, qui ne seraient pas défavorables à une réélection de Donald Trump.

L'élection du 3 novembre est assurément le grand événement politique mondial de l'année 2020. Cette campagne électorale a été marquée une nouvelle fois par l'exacerbation de tensions politiques *made in USA* [9] où la polémique et les attaques personnelles ont primé sur la présentation de véritables programmes politiques. La tendance était de saboter l'image de l'adversaire et tous les coups furent permis. En somme, le duel final entre les deux principaux candidats à l'élection a davantage ressemblé à un combat de pugilat plutôt qu'à des joutes politiques enflammées. Il est certain que Donald Trump et Joe Biden ne partagent pas une vision commune de l'avenir politique et économique des Etats-Unis mais la crise sanitaire de la Covid-19 a sans doute constitué un élément perturbateur auquel personne ne s'attendait il y a un an à peine. Depuis lors, plusieurs centaines de milliers d'Américains ont été atteints par ce mal qui, selon l'OMS, a tué plusieurs millions d'individus dans le monde. La gestion de crise sanitaire de Donald Trump a été largement critiquée par ses adversaires démocrates qui ont vu en lui un homme incapable voire dépassé par la gravité de la situation. Pendant ce temps, on en oublierait presque les conséquences de la Covid-19 sur l'économie mondiale qui, depuis que la Chine, foyer originel de cette forme de coronavirus, a commencé à voir son dynamisme économique ralentir en raison des décisions portant sur des mesures sanitaires visant à tenter de contenir au plus vite la propagation du virus, a rapidement atteint une dimension internationale et planétaire.

Les grandes conséquences du ralentissement économique se manifestèrent dans un premier temps par une baisse de la demande chinoise en pétrole. A l'échelle mondiale, la Chine est rapidement devenue un des grands acteurs du pétrole mondial en raison de sa demande croissante pour ses besoins domestiques qui ont explosé au cours des deux dernières décennies au point d'en faire le

---

[9] Traduction de l'auteur : fabriqué aux Etats-Unis

premier importateur mondial d'or noir. Au regard de la démographie nationale et des besoins industriels, considérant de plus les taux de croissance très dynamiques de l'économie pendant près de vingt ans, la Chine a contribué à l'évolution des marchés pétroliers mondiaux dont la demande globale n'a cessé de croître depuis lors pour atteindre une production globale de cent millions de barils par jour avant que ne survienne la crise sanitaire de la Covid-19. Comme indiqué, la Chine est considérée comme étant le foyer originel de ce mal qui, en l'espace de quelques semaines à peine, est passé du statut d'épiphénomène à celui de pandémie mondiale.

La Chine prit rapidement la mesure du problème sanitaire et décida de confiner la population de la région administrative de Wuhan pendant plusieurs semaines afin de limiter les risques de propagation de ce coronavirus. Le problème est que cette décision survint alors que de nombreux touristes chinois, infectés par le virus sans le savoir, purent voyager, notamment en Europe, où de nouveaux foyers infectieux virent rapidement le jour avant de devenir des zones sévèrement affectées. Le bilan humain global est très lourd. A l'échelle mondiale, il est désormais estimé à plusieurs millions de décès si tant est que les statistiques aient pu être correctement établies en raison de difficultés majeures portant sur la méthodologie de recensement. A titre d'exemple, de nombreux décès survenus au domicile de victimes n'ont pu être annoncés comme étant directement lié à la Covid-19 tandis que ces personnes n'avaient pu être vues par des gens du secteur médical.

Près d'un an après l'éclosion de cette pandémie qui a véritablement impacté l'économie mondiale, l'élection présidentielle américaine arrive à un moment où de nombreux pays semblent désemparés face à la gestion de crise sanitaire et économique. Nombreux furent ceux qui annoncèrent qu'il n'y aurait ni seconde vague de la Covid-19 ni de reconfinement… Pourtant, c'est vers ce scénario tant redouté que nous nous orientons. La première vague de confinement a eu des incidences considérables sur de nombreuses économies nationales dont la principale préoccupation était de ne pas avoir à affronter une deuxième vague de la sorte. Beaucoup se sont lourdement endettés pour palier à la crise et tenter de maintenir à flot une économie nationale soudainement devenue très incertaine. Pendant ce temps-là, une des conséquences de cette double gestion de crise sanitaire et économique fut une baisse considérable de la demande mondiale en pétrole tandis que parallèlement, la baisse de la production n'était pas équivalente à celle de la demande. La conséquence logique fut une surabondance de l'or noir sur le marché des échanges et la baisse inévitable des prix.

En mars 2020, l'OPEP + (c'est l'alliance qui regroupe le cartel de l'OPEP et d'autres producteurs qui n'en font pas partie, la Russie en tête) tenta une nouvelle fois de s'accorder sur une baisse de la production globale de pétrole afin d'enrayer une mauvaise spirale de baisse des prix qui allait finir par asphyxier l'économie nationale de nombreux pays producteurs dépendant des ventes d'hydrocarbures. Alors que les prix chutaient à grande vitesse, un désaccord survint entre l'Arabie saoudite et la Russie. La résultante fut une réaction inattendue de Riyad qui provoqua les marchés internationaux en se lançant dans une politique agressive sur les prix qui prit tout le monde de court. La manœuvre consistait à exercer une pression sur Moscou pour l'inciter à réviser son refus de reconsidérer un effort de réduction de sa production nationale de pétrole. La Russie ne céda pas à la panique en dépit des prix d'échange qui ne cessèrent alors de chuter et par conséquent de lui être défavorables. Le pari saoudien était d'autant plus risqué que l'effet souhaité fut initialement obtenu… mais sans doute trop. Les prix d'échange s'effondrèrent au point de devenir dangereux pour l'équilibre économique du royaume wahhabite, considérant de plus que nul ne savait alors comment enrayer la mauvaise spirale qui venait de prendre forme. La décision entérinée par le Prince héritier Mohammed bin Salmane était lourde de conséquences dans un contexte global où la Covid-19 était alors en train de sérieusement affecter les économies occidentales. Ces mêmes pays, importateurs de pétrole pour la plupart, caractérisaient leur difficile gestion de crise sanitaire avec des décisions portant sur un fort ralentissement des activités industrielles et plus globalement économiques, ce qui eut pour conséquence une baisse significative de la demande en pétrole.

La boucle infernale venait de prendre forme. La principale inconnue subsistait le temps qu'allait sévir la Covid-19 sur la planète. Rapidement, il fut question de travailler sur l'élaboration d'un vaccin susceptible de contrer la propagation de la pandémie. Le problème est qu'un tel défi nécessite du temps, élément qui faisait alors cruellement défaut pour l'ensemble de la communauté internationale. Tandis que plusieurs pays faisaient montre de concurrence en se lançant dans une communication de celui qui trouverait en premier la formule du vaccin miracle, il devenait manifeste qu'il ne fallait précisément pas fonder d'espoirs sur la commercialisation rapide d'un vaccin aux propriétés incertaines. C'est alors que l'OMS communiqua une information selon laquelle il fallait se résoudre à accepter qu'il n'y aurait pas d'éradication de la pandémie avant l'année 2022 tandis que quelques semaines plus tard, lors de l'Assemblée générale des Nations Unies, le Président russe Vladimir Poutine fit part d'un sentiment que l'économie mondiale ne retrouverait pas son dynamisme d'avant-Covid-19 avant l'année 2023 voire 2024… Le décor était ainsi planté : les voyants viraient au rouge. Il fallait désormais admettre que la crise sanitaire serait plus longue qu'initialement prévue et que les troubles économiques seraient par conséquent inévitables.

C'est dans ce contexte très incertain que se profile donc l'élection présidentielle américaine, pays fortement touché par la pandémie et qui a recensé plus de deux cent mille décès imputés à la Covid-19. Quant aux cas de contaminations, ils sont de l'ordre de plusieurs millions d'individus. Le pire est peut-être encore à venir. Le Président Trump a personnellement été infecté par le virus, nécessitant une hospitalisation inférieure à une semaine mais période pendant laquelle il fut par deux fois en détresse respiratoire. A peine sorti de l'hôpital, il reprit sa campagne électorale, voulant démontrer que sa force et sa détermination avaient été plus fortes que la maladie. Au-delà de cette communication politique, l'élection du 3 novembre suscite de nombreuses attentes et craintes. Certains redoutent une réélection de Donald Trump et souhaitent ainsi une victoire de Joe Biden. D'autres seraient plus enclins à une victoire du candidat républicain, plus à même que son adversaire à favoriser un retour rapide vers une économie dynamique. Le problème est que tout demeure spéculatif dès lors que nul ne sait ce qu'il adviendra de la Covid-19, du temps qu'elle pénalisera la communauté internationale au travers de décisions de restriction des activités économiques et des mouvements des individus. Il faut donc s'attendre à ce que la demande de pétrole retombe à nouveau au niveau de celle des mois d'avril, de mai ou de juin 2020. Une demande réduite ne favorisera pas une remontée des prix tant espérée par les pays producteurs qui souffrent durement de la situation. Quant à la politique d'adaptation de la production par rapport à la demande réelle, elle demeure également incertaine.

Nous identifions la tendance suivante : le risque de surabondance de l'offre par rapport à la demande réelle est grand et risque d'entraîner une problématique encore plus nocive pour les marchés financiers : les capacités de stockage du pétrole peuvent être rapidement saturées. Si d'aventure ce problème se précisait, il est inutile de démontrer les effets négatifs sur les prix d'échange qui tendraient fatalement à la baisse. En somme, l'élection américaine symbolise l'événement majeur sur lequel sont fondées tant d'attentes… qui risquent d'être déçues quelle que soit l'identité du vainqueur. En effet, le véritable facteur déterminant ne réside pas dans le résultat électoral final *made in USA* mais dans la terrible inconnue qui subsiste sur la durée et la sévérité autant sanitaire qu'économique de la Covid-19. Pour autant, cela n'absout pas l'environnement politique d'influencer également les prix d'échange du pétrole qui paraissent très élevés par rapport à la nouvelle tendance qui s'annonce au regard de la gestion de crise sanitaire.

Les limites du paradigme de l'équilibre de l'offre et de la demande

C'est un des principes fondamentaux que tout étudiant en économie apprend au cours de son cursus universitaire : le prix d'un bien est fixé en fonction du rapport offre-demande. Lorsque l'offre d'un bien est largement supérieure à sa demande, les prix tendent vers le bas. A l'inverse, lorsque la demande surpasse l'offre, les prix tendent vers le haut. Le prix d'échange est le résultat d'un compromis juste et équilibré entre un vendeur et un acheteur qui se réfèrent à la tendance du marché pour finaliser leur transaction. Il existe des exceptions. Un vendeur peut délibérément chercher à vendre à un prix inférieur à celui du marché. A contrario, un acheteur peut accepter d'acheter à un prix supérieur à celui du marché. Cependant, la règle qui prédomine est celle d'un équilibre entre l'offre et la demande. Dans cette logique, il en va de même pour tous les biens produits et échangeables. Le pétrole ne doit donc pas échapper à cette exception. Or la réalité du marché pétrolier est à nuancer. Il existe fondamentalement un lien entre l'offre et la demande en pétrole pour aboutir à la fixation d'un prix d'échange mais la réalité est beaucoup plus complexe car il s'avère que ces marchés si particuliers font l'objet de spéculations dont l'impact sur les prix affichés fait référence à des influences extérieures au simple marché pétrolier.

Le pétrole a ceci de particulier qu'il est une ressource naturelle au pouvoir d'influence considérable. Il fait en quelque sorte office de baromètre pour l'ensemble des marchés financiers. Lorsque les prix du pétrole s'effondrent, il s'ensuit généralement une crise financière aiguë aux répercussions mondiales. Les marchés financiers sont en permanence soucieux de l'évolution des cours du pétrole. Lorsque les prix s'effondrent, il ne faut pas uniquement y percevoir un simple déséquilibre entre l'offre et la demande mais des raisons exogènes qui contribuent à influencer les prix d'une manière critique. Le prix du pétrole peut ainsi s'emballer sur un simple effet d'annonce qui fait référence à une peur, à un danger relatif à des problématiques d'ordre géopolitique ou autres, à des appréhensions concernant la capacité de production, à l'acheminement de la matière première, à la capacité de stockage ou autres soucis qui vont favoriser un effet spéculatif qui ne reflètera pas systématiquement la réalité du marché concret. Autrement dit, le prix d'échange de l'or noir n'est aucunement ni uniquement conditionné par de simples corrélations offre-demande et c'est précisément ce qui constitue un danger pour le marché pétrolier mondial.

Sur un simple effet d'annonce, les prix peuvent aussi bien varier à la hausse qu'à la baisse. Tout dépend du pouvoir d'influence ou de nuisance de l'émetteur du message. Si la crainte est infondée, les marchés financiers reprennent rapidement confiance pour réajuster un prix d'échange plus fidèle à sa valeur calquée sur le paradigme offre-demande. Lorsqu'une crise des prix du pétrole est durable, il faut comprendre qu'il existe un dysfonctionnement sous-jacent. Depuis l'année 2016, il faut en conclure que quelque chose perturbe le marché de l'or noir au-delà du simple rapport offre-demande. En 2016, cette perturbation portait un nom : le pétrole de schiste. En effet, les Etats-Unis se lancèrent dans une vaste politique de production de pétroles non-conventionnels qui perturbèrent les marchés internationaux car en plus d'augmenter l'offre sur le marché mondial, il s'avéra que le pétrole de schiste contribua à faire baisser les prix d'échange en raison d'un modèle économique d'exploitation qui permettait à ses producteurs de vendre le baril à un prix bien inférieur à celui d'un pétrole conventionnel tout en réalisant une marge. Cela provoqua un dérèglement du marché, les autres grands pays producteurs n'ayant alors pas compris les conséquences de l'irruption des pétroles de schiste américains sur le marché pétrolier mondial.

Après quelques temps de prix d'échange désespérément bas pour les producteurs ayant besoin de vendre à des prix bien plus élevés, ces derniers finirent par remonter jusqu'à des niveaux compris entre 70 et 80$ par baril lors des périodes les « plus » avantageuses pour les producteurs. Or pour bon nombre d'entre eux, ces prix de vente n'étaient pas satisfaisants. Les prix n'allaient pourtant pas remonter. En 2018, le Président Trump fit tout son possible pour maintenir des prix de vente relativement bas en vue de tenir une promesse de campagne électorale pour les élections de mi-mandat qui vantait des prix d'achat très bas pour le consommateur américain. La stratégie consista en un effort de production soutenue et une volonté de vendre à l'étranger pour perturber toujours plus le marché mondial de l'or noir. Depuis lors, les prix se stabilisèrent autour de 60-65$ par baril voire en-deçà. En fin d'année 2019, un nouveau phénomène fit son apparition : la Covid-19.

En quelques semaines à peine, ce qui fut ultérieurement requalifié en pandémie affecta l'économie mondiale à un nouveau insoupçonné. Les prémices de la crise économique furent observables en Chine lorsqu'il fut décidé de ralentir l'activité économique qui passa par une baisse progressive de la demande en pétrole. Cela se caractérisa par un début de déséquilibre offre-demande car la demande chinoise étant conséquente et la production n'ayant pas freiné au même rythme, on se retrouva dans une situation de surproduction par rapport à la demande réelle. Ce phénomène fut d'autant plus criant lorsque l'Occident dut se résoudre à moins consommer pour les mêmes raisons sanitaires que la Chine tandis que les producteurs ne parvenaient plus à s'accorder sur une politique de production plus en adéquation avec la demande réelle. Cela aboutit à une surproduction face à laquelle pointa une autre problématique, celle de la capacité de stockage de l'or noir.

Dans la partie introductive, il a été fait mention d'un profond désaccord au sein de l'alliance OPEP + et de la réaction inattendue de l'Arabie saoudite de se lancer dans une politique agressive sur les prix d'échange en vue de provoquer une réaction de la Russie... qui ne vint finalement pas. Cette décision entraîna des conséquences redoutables. C'est ce qui nous permet d'affirmer que le marché pétrolier ne dépend pas exclusivement du rapport offre-demande. L'effet d'annonce saoudien provoqua un vent de panique qui se traduisit par une chute abyssale et hors de contrôle des prix. Si la décision avait émané d'un acteur secondaire du marché pétrolier mondial, les répercussions eurent sans doute été moindres. En l'occurrence, elle provenait d'un des trois plus gros producteurs mondiaux et impliquait dans l'affaire un autre membre des trois plus grands producteurs mondiaux. En d'autres termes, les deux pays sur lesquels reposait le désaccord sur la politique de production à adopter pour faire croître les prix comptaient pour plus de vingt millions de barils produits chaque jour dans le monde. En pareille circonstance, il était certain que l'effet d'annonce saoudien entraînerait inévitablement des répercussions majeures avant même que cela se manifeste sur le rapport offre-demande. Le principal problème est que l'Arabie saoudite venait de jouer une carte pour laquelle elle espérait que la Russie finirait par accepter. Il n'en fut rien. Moscou ne réagit pas quant à sa politique de production. Les prix s'effondrèrent. Dans un premier temps, cela put paraître être une situation avantageuse pour les Etats-Unis. Un mois après l'annonce saoudienne, les Etats-Unis durent à leur tour se résoudre à réagir, la situation devenant également dramatique pour les producteurs américains.

Coup de bluff saoudien perdant ou coup de génie ?

Le sentiment qui domine après coup est celui d'un acte irréfléchi. L'idée était de contraindre la Russie à une réaction qui se fit attendre et ne vint jamais. L'Arabie saoudite s'était retrouvée dans une situation économique très délicate car son économie nationale repose en grande partie sur les ventes de pétrole. Plus les prix tendent vers le bas et plus ils pénalisent l'économie saoudienne peu diversifiée et qui dépend trop dangereusement des aléas des marchés financiers. Si la Russie dépend également de ventes de ses hydrocarbures, le point critique n'est pas comparable. L'économie russe est plus diversifiée. Quant aux prix de vente souhaités pour atteindre un équilibre budgétaire, ils sont très inférieurs en Russie plutôt qu'en Arabie saoudite. Moscou le savait. C'est la raison pour laquelle la capitale russe n'a pas cédé aux demandes saoudiennes. La réaction de Riyad fut en quelque sorte désespérée à défaut d'être mûrement réfléchie. C'était un coup de bluff qui ne fonctionna pas. Plus de six mois après les faits, les prix d'échange demeurent désespérément bas, largement insuffisants pour permettre à l'Arabie saoudite d'espérer retrouver rapidement un équilibre budgétaire et d'envisager sereinement l'ambitieux plan de développement économique *Vision 2030*. L'économie russe a pâti de la baisse des prix de l'or noir mais sans doute pas autant que celle de l'Arabie saoudite.

Dans un premier temps, la situation convint aux Etats-Unis qui espéraient que leur pétrole trouverait preneur facilement dans des conditions toujours plus désavantageuses pour leurs concurrents. Parallèlement, tandis que l'offre mondiale ne se réduisait pas, la demande baissa drastiquement au point que les prix s'effondrèrent dramatiquement. Pire, les prix d'échange ne furent plus en mesure de satisfaire les producteurs américains. La situation était devenue hors de contrôle car l'offre surpassait largement la demande réelle. Cela induisit un effet de chute des prix. Un mois après l'annonce saoudienne, le marché américain rencontra des difficultés inattendues : beaucoup de producteurs détenaient alors des stocks qui ne trouvaient plus preneur, mettant ainsi en péril la survie de nombreuses sociétés américaines. En avril 2020, les prix d'échange tombèrent à un niveau jamais atteint, au point de devenir négatifs : le vendeur se retrouvait dans l'obligation de payer tout acheteur pour se délester de ses stocks dès lors qu'il était fait référence au WTI américain. Cette situation inédite poussa alors le Président Trump à contacter l'Arabie saoudite et la Russie pour trouver une solution relative à la politique de production et tenter d'enrayer rapidement la spirale infernale qui était en train de fragiliser l'économie nationale de nombreux pays producteurs. Est-ce que le véritable but saoudien consistait à forcer les Etats-Unis à réagir ? Si tel était le cas, le pari était extrêmement risqué, d'autant plus risqué que plusieurs mois après les faits, les prix du pétrole étaient remontés mais à un niveau toujours insatisfaisant pour l'Arabie saoudite.

En octobre 2020, les prix d'échange permettaient aux producteurs américains qui avaient pu résister de limiter les dégâts. Il faut comprendre que l'incertitude régnant autour de la Covid-19 a eu une incidence centrale dans les perturbations occasionnées sur les prix d'échange. De même, la mauvaise communication institutionnelle sur la gestion de la crise sanitaire n'a pas rassuré les marchés financiers. D'autre part, la production mondiale d'or noir a continué à surpasser la demande réelle, laissant ainsi de nombreux stocks invendus et générant une autre situation critique qui est celle de la capacité de stockage qui arrive à saturation et qui risque d'induire une nouvelle baisse des prix. La réalité est la suivante : à une semaine de l'élection présidentielle américaine, les prix d'échange du pétrole ne reflètent pas le rapport réel offre-demande et sont maintenus à un niveau dangereusement trop élevé. Expliqué autrement, le moindre dysfonctionnement peut générer une nouvelle chute sévère des prix.

Les Etats-Unis contraints de réagir
Face à la chute vertigineuse des prix et notamment celle de la valeur du WTI, les Etats-Unis ont été dans l'obligation d'intervenir, de contacter l'Arabie saoudite et la Russie afin de trouver une entente sur une baisse de la production et enrayer une mauvaise dynamique qui risquait alors de pénaliser de nombreux producteurs. Il va sans dire qu'en de pareilles circonstances, beaucoup d'emplois furent menacés et certains supprimés. A quelques mois de l'élection présidentielle, Donald Trump n'a pas eu d'autre choix que celui de tenter une manœuvre délicate pour

limiter les dégâts occasionnés pour le secteur pétrolier américain. Depuis qu'il a été investi dans ses fonctions officielles à la Maison Blanche, le Président Trump n'avait jamais fait mystère de son désir de dynamiser le secteur pétrolier national en misant sur la production des pétroles de schiste et en s'immisçant sur le marché des exportations afin d'augmenter l'offre globale et de permettre aux prix d'échange internationaux de tendre vers le bas. Plus les prix étaient bas et plus ils devaient favoriser la compétitivité des producteurs américains dont les coûts de production et de fonctionnement étaient alors inférieurs à ceux de leurs concurrents internationaux. Le problème est qu'il fallait trouver un point d'équilibre, suffisamment bas pour être pénalisant pour la concurrence, mais suffisamment élevé pour que les producteurs américains parviennent toutefois à dégager une marge par rapport au prix de revient du baril.

Le mois qui suivit l'annonce faite par l'Arabie saoudite fut en ce sens terrible pour les Etats-Unis. Les prix baissèrent à grande vitesse et il semblait que la situation était devenue ingérable. Il fallait impérativement trouver une solution pour rassurer les marchés financiers dans un premier temps et leur permettre de spéculer sur un contexte qui diffère au profit d'un nouvel élan de stabilisation de l'équilibre offre-demande. La demande avait fortement chuté mais la réciproque n'était pas valable pour la production. Il fallait donc réajuster en urgence ce déséquilibre pour lequel le risque de s'enfoncer dans une sévère crise des prix d'échange s'était alors considérablement accru. Il en allait de la survie de nombreuses entreprises et emplois dans un contexte électoral qui était alors jusqu'à présent favorable à Donald Trump tandis que la pandémie Covid-19 commençait à lourdement affecter les Etats-Unis et notamment l'Etat de New York. Les critiques s'abattaient sur sa gestion de crise sanitaire en raison d'une présumée sous-estimation de la gravité de la situation. Les victimes devenaient chaque jour plus nombreuses et le capital confiance accordé au Président des Etats-Unis commença alors à s'effilocher. Il ne pouvait désormais plus se permettre de laisser l'Arabie saoudite et la Russie camper sur leurs positions respectives mais divergentes et que les prix d'échange continuent de s'effondrer dangereusement. Son intervention ressembla alors à une opération de sauvetage. En effet, le lobby pétrolier américain fait partie des soutiens apportés au chef de l'Etat représentant le camp républicain. Un désastre économique pour ce secteur d'activité si stratégique aurait été un handicap de plus à gérer en vue de l'élection présidentielle. C'est la raison pour laquelle nous défendons la thèse que l'intervention américaine sur les marchés pétroliers était le signe d'un désaveu qui n'était pourtant pas envisagé quelques semaines plus tôt. La stratégie consistait alors à observer le désaccord Riyad-Moscou tout en misant sur un affaiblissement de ces deux pays sur le marché pétrolier mondial. En clair, les difficultés que ces deux grands producteurs allaient rencontrer devaient bénéficier aux Etats-Unis qui pouvaient alors espérer conquérir de nouvelles parts de marché à l'international. Le calcul était cohérent jusqu'à ce que le cours du WTI fût impacté au point de menacer la survie du secteur pétrolier national.

Nous sommes d'avis que depuis que les Etats-Unis se sont lancés dans une politique effrénée de production des pétroles de schiste, le modèle est dangereux car probablement pas durable. Il est certain que le modèle économique diffère de celui des pétroles conventionnels et qu'il présente l'avantage de nécessiter moins d'investissements en capital pour un retour sur investissement plus rapide. En d'autres termes, en investissant sur la capacité de production, les Etats-Unis peuvent ainsi augmenter leur production, jouer sur l'offre mondiale et surtout contrecarrer les plans des autres producteurs ayant besoin de vendre leur baril à un prix plus élevé pour en tirer des profits. C'est ainsi que les Etats-Unis sont parvenus à perturber l'équilibre offre-demande et à tirer les prix d'échange vers le bas. Le but était donc de faire de cette situation une nouvelle norme durable et de perturber les ambitions de l'alliance OPEP +. Cela a fonctionné jusqu'à ce que la pandémie de la Covid-19 vienne contrarier l'économie mondiale et favoriser une forte baisse de l'activité économique. Une des grandes conséquences fut la baisse brutale de la demande pétrolière mondiale. En maintenant une politique de production élevée, il fallait s'attendre à ce que le marché pétrolier mondial se dérègle et que son système appréhende une crise inédite.

En somme, la baisse des prix était prévisible mais pas dans des proportions aussi élevées, surtout pour ce qui est de la valeur du WTI. Ce qui s'est produit en avril 2020 avec ce court épisode stupéfiant de valeurs d'échange négatives doit résonner comme un signal d'alarme pour tout acteur pétrolier désireux de faire valoir un pouvoir d'influence grandissant sur le marché mondial. C'est l'enseignement majeur qui doit en être tiré. L'ambition américaine consistait à affaiblir ses concurrents en les contraignant à vendre leur pétrole à un prix qui ne satisfaisait pas leurs besoins économiques réels. Le pari était osé, risqué mais il a semblé fonctionner pendant un temps jusqu'à ce que les limites de la stratégie apparaissent au grand jour.

De manière générale, le positionnement américain sur le marché pétrolier mondial est très isolé. Tout pays producteur a un intérêt à vendre son or noir au niveau le plus élevé, d'en tirer les meilleures marges possibles. La production américaine demeure très minoritaire sur l'ensemble de la production mondiale. Par conséquent, il apparaissait peu probable qu'un acteur, certes dominant mais isolé, puisse influencer durablement les prix d'échange. Les Etats-Unis y sont parvenus pendant un temps car la concurrence internationale n'avait pas considéré ou bien évalué ce qu'allait induire l'introduction des pétroles de schiste sur les marchés internationaux et surtout l'importance différentielle en termes de modèle économique. C'est précisément sur ce point que les Etats-Unis ont misé. La volatilité des prix a été moins pesante pour les producteurs américains tant qu'il n'y avait pas d'emballement des marchés au point de parvenir à un état de panique portant sur la surabondance de l'offre. Cette dernière posait le problème de la capacité à stocker des réserves considérables qui allaient se heurter à la difficulté de trouver des acheteurs. C'est dans ces circonstances que la stratégie américaine a rencontré ses limites.

La stratégie énergétique de Joe Biden défavorable au pétrole

A l'approche de l'élection du 3 novembre, les sondages accordent un avantage au candidat démocrate dans les intentions de vote. Donald Trump a fait l'objet de nombreuses critiques relatives à sa gestion de crise sanitaire, à sa gestion de crise économique ou encore aux tensions raciales. Joe Biden a insisté sur ces points pour tenter d'influencer l'électorat de ne pas renouveler sa confiance au Président sortant. Il s'est voulu moins polémiste que son adversaire et a présenté un programme qui va à l'encontre de celui de Donald Trump, notamment pour ce qui est de l'énergie. Au-delà de cette approche très différente, les marchés pétroliers ont également connu un nouvel épisode d'incertitude en septembre puis en octobre 2020 : la contamination de Donald Trump à la Covid-19.

Ce n'est un secret pour personne : si le Président sortant est réélu, il va poursuivre sa politique énergétique visant à faire la part belle au secteur pétrolier. Ce n'est pas le cas du candidat démocrate qui opte pour une vision énergétique qui rappelle celle du Président Obama. Lorsqu'il fut annoncé que le Président Trump avait été contaminé par le coronavirus et qu'il s'ensuivit une hospitalisation de plusieurs jours, des craintes ressurgirent. Comment allait-il affronter la maladie à un mois de l'élection présidentielle ? Le doute s'installa. De plus, il fut annoncé par le corps médical que le Président des Etats-Unis s'était retrouvé par deux fois en situation de détresse respiratoire. Il lui fut certes administré un traitement médical que seuls les plus fortunés peuvent expérimenter mais de nombreuses incertitudes planaient sur l'état de santé de celui qui fit son possible pour montrer qu'il récupérait ses moyens physiques à très grande vitesse. C'est ainsi qu'il choisit de faire une sortie très médiatisée de sa chambre d'hôpital afin d'aller saluer ses supporters soucieux de son état de santé alors que sa sortie définitive était programmée pour le lendemain. L'opération de communication avait pour but de montrer qu'il est un homme solide et qu'il peut à nouveau reprendre sa campagne électorale tout en n'étant pas affaibli. Le message était adressé à son adversaire qu'il continue de dénigrer en dénonçant son âge et son « incapacité » à gérer correctement les Etats Unis pendant quatre ans en cas de victoire.

Cependant, malgré sa lutte contre la maladie, Donald Trump n'a semble-t-il pas convaincu les Américains qui pensent qu'il a largement sous-estimé la dangerosité de la Covid-19 voire qu'il ait intentionnellement caché des informations à l'ensemble de la nation. En d'autres termes, la contamination au coronavirus est sans doute arrivée au plus mauvais moment car à défaut d'être une victoire en termes de communication politique, elle a sans doute augmenté le niveau d'incertitude en cette fin de campagne électorale. Cela s'est ressenti sur les marchés financiers qui accordent du crédit à une victoire de Joe Biden. Dans de pareilles circonstances, les prix ne pouvaient que tendre à la baisse car le candidat démocrate a clairement affiché son intention de faire sortir les Etats-Unis du pétrole. A cela, il faut également ajouter que le plan de relance des Etats-Unis demeure en discussion quoique très incertain. Les tensions entre l'Azerbaïdjan et l'Arménie font craindre des attaques sur le pipeline Bakou-Tbilissi-Ceyhan et de possibles perturbations relatives au transfert du pétrole jusqu'au terminal turc… tandis que la Turquie persiste dans sa diplomatie provocatrice qui exaspère le monde occidental. Le rebond du nombre de contaminations à la Covid-19 dans le monde résonne comme un gage que la demande de pétrole s'en retrouvera fatalement altérée et que les prix ne remonteront pas dans l'immédiat. Le seul signe positif pour les marchés pétroliers demeure l'annonce d'une croissance économique chinoise de 4,9% pour le troisième trimestre en variation annuelle. Très succinctement, les raisons de croire en une remontée des prix du pétrole sont infimes. Les prix d'échange vont probablement être perturbés pour plusieurs mois car l'OMS estime qu'il n'y aura pas d'éradication de la Covid-19 avant 2022… à moins que l'annonce d'un vaccin probant redonne confiance aux marchés financiers.

Pour ce qui est du contexte géopolitique global, les signes d'inquiétude sont nombreux en raison des tensions persistantes au Moyen-Orient, dans le Caucase et de la diplomatie ambiguë de la Turquie. Quant à l'élection présidentielle américaine, une victoire de Joe Biden aurait certainement des incidences pour le secteur pétrolier américain. Dans de pareilles circonstances, les prix d'échange de l'or noir ne devraient pas repartir à la hausse dans l'immédiat sauf en cas de commercialisation de vaccins efficaces contre la pandémie. Une victoire démocrate peut laisser entendre que les Etats-Unis chercheront à réduire leur production de pétrole dans les années à venir. Une telle tendance ajoutée à l'éradication future de la Covid-19 seraient des arguments convaincants pour envisager une nouvelle dynamique vers des niveaux de prix d'échange croissants.

L'incertitude autour de l'élection présidentielle

C'est peu dire qu'il existe une incertitude de taille concernant les futurs résultats électoraux ! La veille du scrutin, même si une partie de la population s'est déjà exprimée par voie de vote électronique, procédé qui a soulevé de nombreuses interrogations du côté républicain, l'issue du vote semble plus indécise que jamais. Les sondages continuent d'accorder un avantage à Joe Biden tandis que la méthodologie des instituts de sondage américains a souvent été remise en cause comme lors de l'élection présidentielle de 2016 qui avait annoncé Hillary Clinton gagnante. Pourtant, il semblerait bien que le candidat démocrate possède une avance en vue de récolter une majorité de grands électeurs qui décideront du sort final de l'élection. Les deux principaux candidats jettent leurs dernières forces dans une bataille qui s'est déroulée dans un climat délétère, plombée par les polémiques et les attaques personnelles tandis que Donald Trump n'avait pas hésité à communiquer sur son intention de contester les résultats électoraux en cas de défaite.

Nous sommes convaincus que nous ne connaîtrons pas le nom du vainqueur le 3 novembre. Il y a de fortes chances que les résultats soient contestés. Même si Joe Biden avait publiquement annoncé son intention d'accepter sa défaite si d'aventure Donald Trump l'emportait, il n'est pas certain qu'il respecte son engagement le cas échéant car il est très probable que le perdant conteste les résultats en raison notamment du vote électronique. Il faut s'attendre à ce que de nouvelles polémiques apparaissent. Nous comprenons d'autant mieux la raison pour laquelle Donald Trump fit son possible pour que le Sénat entérine sa décision de nommer une nouvelle juge au sein de la Cour Suprême fédérale car en cas de contestation durable des résultats électoraux, il incomberait à cette juridiction de se prononcer sur la validité de l'élection ou non. La Cour Suprême est le juge ultime, celui qui déterminera s'il y a lieu ou non d'invalider le scrutin du 3 novembre. Dans pareil cas, cela induirait une crise politique majeure dans un pays où les factions opposées se vouent désormais une haine exacerbée et pour laquelle il sera difficile d'aboutir à un sage compromis. Ainsi, les Démocrates expliquent qu'en cas de défaite de Donald Trump, ce dernier se verrait exposé à des poursuites judiciaires pouvant déboucher sur une peine d'emprisonnement. Il en est de même du côté républicain qui ne cesse de marteler que la famille Biden aura prochainement des comptes à rendre à la justice fédérale, sans compter les déclarations de proches du Président sortant qui espèrent des mises en accusation prononcées par le procureur Durham à l'encontre de personnalités ayant fait partie de l'ancienne Administration Obama.

Les Etats-Unis traversent une crise politique majeure d'un acabit rarement atteint par le passé. Tout semble indiquer que l'élection du 3 novembre ne sera pas un juge de paix mais l'événement qui va exposer encore plus les tumultes qui empoisonnent la vie politique nationale. C'est actuellement ce qui apparaît comme le scénario le plus probable. Toutefois, nous ne sommes pas à l'abri d'un revirement de situation. S'il faut encore patienter pour connaître l'identité du Président élu jusqu'en 2024, il n'est pas à exclure un scénario dans lequel le vaincu accepterait sa défaite électorale et que les affaires polémiques finissent par se tasser. C'est ce qu'il y aurait de mieux pour le bon exercice démocratique des institutions car en l'état actuel des choses, la pérennité démocratique du système américain a été rudement éprouvée. Ce scénario raisonnable apparaît cependant peu probable tant les rivalités sont grandes et les boîtes de Pandore ouvertes. Le lundi 2 novembre, il ne fallait pas s'étonner que les prix du pétrole continuent de tendre à la baisse. Le Brent s'échangeait autour de 37$ tandis que le WTI s'échangeait en deçà de 35$. Cette tendance négative est liée à l'incertitude qui plane sur le déroulement de l'élection et des résultats à venir qui s'exposent à une forte probabilité de contestation de la part du camp vaincu... si tant est qu'une majorité de grands électeurs soit apparente après la comptabilisation des votes exprimés. C'est une des raisons pour lesquelles il ne faut pas s'attendre à un rebond des prix d'échange dans les jours qui suivront le vote. Les marchés financiers ne peuvent qu'abonder dans le sens d'une incertitude grandissante, qui plus est si les résultats électoraux devaient être contestés. Cela rajouterait encore plus de morosité au sein des marchés financiers.

En cette période de crise sanitaire et économique, les cours pétroliers représentent un enjeu de taille car une période durable avec des prix d'échange bas aurait des incidences catastrophiques pour de nombreuses économies nationales. Bien qu'il existe d'autres facteurs influençant les prix d'échange, l'élection présidentielle américaine est sans conteste celui qui impactera le plus les marchés financiers soucieux de comprendre avec quel cap de gouvernance il faudra composer... si tant est que le vainqueur puisse être investi dans ses fonctions présidentielles en janvier 2021. L'hypothèse qui a le plus de crédibilité est celle d'une incertitude accrue en raison des luttes de pouvoir opposant les Républicains et les Démocrates tandis que la pandémie de la Covid-19 continue de perturber l'équilibre économique international à l'heure où de nombreux pays décident à nouveau de confiner leur population nationale avec tous les désagréments économiques qui s'ensuivront. Quant aux marchés pétroliers, l'heure n'est pas à l'optimisme.

Conclusion

L'élection présidentielle du 3 novembre est l'événement politique majeur de l'année. Dans un climat géopolitique globalement tendu, tout ce qui se passe au sein de la première puissance économique et politique mondiale a par conséquent des incidences et répercussions sur beaucoup de choses. Par conséquent, toute forme de crainte exprimée à l'encontre des Etats-Unis se manifeste sur les marchés financiers internationaux. Cela fait partie des jeux spéculatifs de la finance. Quant au pétrole, il est d'autant plus impacté que la crise de la Covid-19 a entraîné une forte baisse de la demande internationale tandis que l'offre globale ne s'est pas rapidement ajustée à la réalité de la demande. Cela précipita la baisse des prix d'échange. De plus, les Etats-Unis sont un acteur majeur du pétrole mondial. Ils ont intentionnellement perturbé le marché pétrolier global en se lançant dans la production intensive des pétroles de schiste. Cela a eu pour conséquence de créer une nouvelle offre en raison du choix d'exporter une partie de la production tandis que le pétrole américain pouvait s'échanger à un prix inférieur de celui des pétroles conventionnels. Expliqué autrement, les Etats-Unis ont unilatéralement décidé de modifier le paysage du marché pétrolier mondial en affaiblissant la concurrence soucieuse de conserver des prix d'échange élevés.

Lorsque Donald Trump remporta l'élection présidentielle de 2016, il soutint une nouvelle politique visant à dynamiser le secteur pétrolier en se rangeant derrière la défense d'une vision climato-sceptique du paradigme du réchauffement climatique. Il y voyait surtout une possibilité pour les producteurs américains de relancer ce secteur d'activité, d'augmenter la production et de conquérir des parts de marchés à l'international en proposant un pétrole moins cher que celui de la concurrence. Le pari fut gagné dans la mesure où les prix d'échange baissèrent au point de pénaliser la concurrence tout en favorisant les producteurs américains... ainsi que l'électorat national. En effet, ce fut une des promesses électorales des élections de mi-mandat de 2018 : les Américains devaient pouvoir avoir accès à un pétrole bon marché. La promesse fut tenue. Quant au secteur pétrolier américain, il vivait une sorte de renaissance et apporta donc son soutien électoral à Donald Trump. Ce dernier comptait sur ce soutien en vue de l'élection présidentielle de 2020 mais les plans de campagne furent perturbés par la survenance de la pandémie que nous connaissons et les différends survenus au sein des autres grands producteurs pétroliers internationaux. Cette dangereuse combinaison se répercuta avec une chute effroyable des prix d'échange.

Les conséquences économiques furent telles pour les producteurs américains que lorsque les cours du WTI devinrent négatifs, on craignit alors que de nombreuses entreprises pétrolières américaines fussent contraintes de cesser définitivement leur activité. Nombreuses furent celles qui durent se résoudre à tout cesser. Cela contribua à la hausse du chômage tandis que Donald Trump percevait un risque quant à sa réélection : il ne devait pas perdre le soutien du lobby pétrolier. C'est ainsi qu'il se résolut à trouver un accord avec l'Arabie saoudite et la Russie pour relancer les prix d'échange à la hausse et tenter de limiter les dégâts. Depuis lors, si les prix d'échange sont progressivement remontés autour de 40$, le nouveau regain pandémique et l'incertitude grandissante autour de l'élection du 3 novembre n'ont fait que confirmer ce qui relevait déjà de l'ordre de l'inéluctable : il ne fallait pas s'attendre à ce que les prix d'échange repartent à la hausse.

En cas de réélection de Donald Trump, les marchés financiers peuvent s'attendre à ce que ce dernier fasse son possible pour dynamiser à nouveau le secteur pétrolier américain sur lequel il fonde tant d'espoirs de réussite économique tandis qu'à l'inverse, une victoire de Joe Biden tendrait à réduire l'influence du secteur pétrolier dans la politique énergétique nationale. Le candidat démocrate s'engagerait alors dans une politique énergétique qui s'inscrirait dans la logique de celle qui fut déployée en son temps par Barack Obama. Les deux principaux candidats à l'élection présidentielle s'opposent radicalement sur leur programme énergétique. Cela contribue à augmenter l'incertitude régnant sur les marchés financiers tandis que d'autres facteurs exogènes au pétrole inquiètent les spéculateurs financiers. Dans de telles circonstances, l'avenir du pétrole inquiète.

La politique pétrolière américaine sera pérennisée pour quatre années supplémentaires en cas de victoire de Donald Trump ou bien opèrera un changement de cap majeur si Joe Biden l'emporte, le tout s'inscrivant dans une logique de guerre politique sans concession où les ennemis en puissance sont prêts à se livrer aux coups bas les plus vicieux pour affaiblir l'adversité en toutes circonstances. Si le résultat de l'élection devait être contesté, il y aurait probablement deux grands perdants : le premier serait une remise en question du bon fonctionnement démocratique des Etats-Unis ; le second serait assurément le secteur pétrolier. Il est difficile de se projeter dans un nouvel élan positif des marchés pétroliers en cas de grave crise politique aux Etats-Unis. Si une telle crise devait survenir, elle entraînerait immanquablement des conséquences néfastes sur l'ensemble des marchés financiers internationaux qui seraient fortement perturbés par les incertitudes régnant à Washington et qui se répercuteraient aussitôt à Wall Street. Il va sans dire qu'une forte agitation boursière à New York serait rapidement suivie d'effet dans les autres places boursières de la planète. C'est pourtant ce scénario qui semble se dessiner toujours plus à l'approche de l'élection du 3 novembre.

A l'issue du scrutin, le candidat démocrate a obtenu plus de suffrages que son adversaire et est parvenu à remporter davantage de grands électeurs. Donald Trump a rapidement dénoncé une fraude électorale de grande envergure et déclenché de nombreux recours juridiques pour faire arrêter le comptage des votes dans certains Etats fédérés voire de faire invalider l'élection. A moins de pouvoir apporter la preuve concrète justifiant la crainte d'une fraude avérée, chose qui n'a pas été confirmée par les scrutateurs républicains présents dans les bureaux de vote, il y a peu de chances que les recours déposés puissent aboutir même s'il existe toutefois une infime chance que le Président sortant obtienne gain de cause. Cela étant, la situation demeure très sensible car la presse a reconnu la victoire de Joe Biden tandis que Donald Trump n'entend pas admettre sa défaite. Ce comportement a logiquement indigné dans le monde. L'homme d'affaires new-yorkais a été largement critiqué : il lui est reproché de mentir mais également de porter atteinte aux fondements démocratiques des Etats-Unis. En l'occurrence, si aucune fraude électorale n'est détectée, il faudra reconnaître que l'attitude de Donald Trump a de quoi interpeler. Assez rapidement, plusieurs grands noms républicains se sont désolidarisés de la position présidentielle et ont publiquement reconnu la victoire finale de Joe Biden. Pourtant, tout porte à croire que le chapitre électoral n'est pas définitivement clos.

Les Etats-Unis traversent une grave crise politique et institutionnelle. Donald Trump persiste et refuse d'admettre une défaite électorale pour laquelle il appelle désormais son Administration à déclasser tous les documents susceptibles de démontrer des turpitudes démocrates anciennes. Il n'entend pas reconnaître une situation de fait pour laquelle il préserverait les fondements démocratiques de son pays, convaincu qu'il a été la victime d'une vaste entreprise illégale pour l'empêcher de poursuivre sa mandature présidentielle de quatre ans. Comme déjà indiqué, les possibilités se comptent au nombre de deux. Premièrement, ses craintes sont fondées et il met alors en évidence une grave atteinte à la démocratie nationale avec une tricherie électorale honteuse auquel cas il faudrait s'attendre à des conséquences redoutables quant à la validité de l'élection tenue le 3 novembre. Deuxièmement, il abuse de la situation, tente par tout moyen de refuser de transférer le pouvoir à un homme élu démocratiquement auquel cas il porte atteinte à la démocratie nationale et s'expose, le cas échéant, à des conséquences judiciaires. Dans tous les cas de figure, la principale victime est la démocratie américaine.

En appelant à tout déclasser, il faut comprendre que Donald Trump a fermement l'intention de rouvrir une sombre affaire pour laquelle ses adversaires sont suspectés d'avoir enfreint les règles de droit pour l'empêcher d'accéder au graal suprême en 2016 : le Russiagate. Cette vieille affaire risque effectivement de ressortir des placards et d'apporter quelques surprises. Le problème est de déterminer les conséquences juridiques que cela peut induire si tant est que des éléments compromettants puissent être rendus publics avec force probatoire. Jusqu'au 20 janvier 2021, Donald Trump demeure le Président des Etats-Unis avec les prérogatives de puissance publique qui lui échoient. S'il ne parvient pas à obtenir satisfaction au travers de tous les recours juridiques engagés pour tenter de faire invalider les résultats électoraux, il lui restera plusieurs semaines pour jouer son va-tout et s'échiner à faire ressortir de vieilles affaires pour lesquelles il se posera fatalement la question de déterminer si elles peuvent exercer une influence par rapport à la validité de l'élection présidentielle. S'il n'a pas reconnu sa défaite, Joe Biden a malgré tout acquis une majorité de grands électeurs qui doivent normalement entériner sa victoire électorale avant l'approbation définitive qui surviendra au Congrès en janvier 2021.

L'indécision qui règne aux Etats-Unis est extraordinaire dans la mesure où personne n'a jamais contesté le résultat d'une élection comme Donald Trump est en train de le faire tandis que les observateurs doutant du bienfondé d'une telle réaction sont largement majoritaires. Un tel climat ne favorisera pas à très court terme une embellie des marchés pétroliers. Ces derniers ont besoin d'être rassurés or Donald Trump n'entend pas apaiser une situation au sein de laquelle il campe apparemment le mauvais rôle. Il doit veiller à ne pas compromettre les fondements démocratiques de son pays. C'est pour cette raison que son attitude contestataire interpelle autant qu'elle indigne. Soit il est le tricheur et menteur souvent décrié, soit il est en effet la victime d'une machination inacceptable dans un régime démocratique.

Dans tous les cas de figure, il y aura une cicatrice qui témoignera d'un profond traumatisme qui est en train d'agiter la société américaine. Considérant le désordre qu'il est en train de causer, s'il devait se résoudre à passer la main à Joe Biden, il ne fait guère de doute que Donald Trump verrait rapidement des nuages noirs s'amonceler au-dessus de sa tête : des procédures judiciaires seraient très probablement engagées contre lui. C'est ainsi que nous sommes amenés à considérer que la bataille ne fait que commencer et que son intention de déclasser de nombreux documents a des chances de se produire en vue de générer encore plus de chaos dans une société américaine déjà très perturbée alors que des sympathisants républicains avaient commencé à reconnaître la défaite électorale de l'homme pour lequel ils avaient apporté leur soutien. Il est à souhaiter que Donald Trump ne s'engage pas dans une tentative désespérée de confiscation du pouvoir pour des raisons illégitimes. Dans pareil cas, la crise socio-politique nationale s'aggraverait sans qu'il soit possible d'en déterminer les conséquences qui seraient cependant dramatiques pour la survie de la démocratie.

Joe Biden et le lobby pétrolier américain
Novembre 2020

Il existe des lobbies aux Etats-Unis avec lesquels il est préférable pour tout homme politique de ne pas se confronter dans une logique d'adversité. La puissante National Rifle Association (NRA) en est un exemple. Donald Trump l'avait bien compris en militant ouvertement pour que les Américains puissent se procurer légalement des armes en vue de se défendre alors que le pays connaît régulièrement des problèmes de fusillades tragiques qui choquent l'opinion publique internationale. Lorsque la crise sanitaire de la Covid-19 commença à sévir sévèrement aux Etats-Unis, le monde assista à une véritable ruée des Américains vers les armes, des records de vente étant même battus. Ce contexte laissait craindre le pire dans un environnement incertain qui l'était d'autant plus que d'autres affaires venaient compromettre la stabilité sociale : les violences policières dénoncées qui ont entraîné des effets de foule dans les rues.

Il existe aux Etats-Unis une approche de la vie particulière chez certains individus survivalistes qui n'hésitent pas à se constituer des stocks considérables de nourriture et d'armes en vue de résister à une guerre nucléaire ou à toute forme de catastrophe dont les effets seraient durables. C'est ainsi que certains ont bâti des abris souterrains pour se protéger pendant plusieurs mois ou années si nécessaire. Avec l'irruption de la Covid-19 et des tensions sociales, le sentiment de peur globale n'a cessé de croître au point que les Américains ont eu comme réflexe de chercher à se protéger par tout moyen. La vente d'armes et de munitions a explosé, d'autant plus dans un contexte politique national délétère où une scission est désormais observable entre ceux qui défendent la victoire de Joe Biden et ceux qui considèrent que l'élection a été truquée, faisant ainsi craindre un risque de débordement. La NRA est systématiquement pointée du doigt lorsqu'un événement tragique survient et qu'un individu perpètre un acte ignoble grâce à des armes à feu. Pour autant, malgré les critiques, la NRA est sereine car son pouvoir d'influence est considérable. Militer contre cette association revient à se mettre à dos un puissant vecteur électoral qui portera son attention sur les politiciens qui défendent le droit de s'armer librement.

C'est dans une logique électorale analogue qu'il faut considérer les lobbies de l'énergie et en particulier le puissant lobby pétrolier. Le secteur de l'énergie représente dix millions d'emplois aux Etats-Unis. Une crise économique est potentiellement destructrice pour ce secteur d'activité stratégique pour l'économie nationale mais également pour tout homme politique désireux d'être reconduit dans son mandat d'élu. Ne pas avoir le soutien du lobby pétrolier est un handicap. Le perdre est sans doute pire. Toute crise dans l'énergie est une catastrophe pour tout dirigeant politique car les conséquences sont rapides et violentes. C'est ce qui se produisit en avril 2020 avec la chute abyssale des prix d'échange du WTI qui atteignirent des niveaux négatifs. Même si la réaction de Donald Trump fut immédiate, de grands dommages avaient déjà été causés dans l'industrie pétrolière qui pourtant, depuis le décision de l'Administration Obama de miser sur une politique de production intensive des pétroles et des gaz de schiste, était prospère. Cette nouvelle activité de production était une bénédiction pour de nombreux producteurs ainsi que pour l'économie nationale. Les Etats-Unis devinrent ainsi le premier producteur mondial de pétrole sans compter qu'avec les volumes produits, la dépendance aux importations se réduisait et que le pays commençait à exporter ses hydrocarbures. Malgré les restrictions promues par l'Administration Obama afin de préserver certaines régions et de s'affirmer en tant qu'acteur engagé contre le réchauffement climatique, Donald Trump vit dans le secteur pétrolier une sorte de poule aux d'œufs d'or qu'il fallait ménager et satisfaire. Se déclarant climato-sceptique, il prit le contre-pied des politiques environnementales décidées par son prédécesseur pour accorder aux producteurs d'hydrocarbures des conditions d'affaires optimales : augmenter la production tout en influençant l'offre disponible et par conséquent de jouer sur les prix d'échange. L'objectif de Donald Trump était clair : favoriser les producteurs américains sur les marchés internationaux et faire en sorte que les Américains aient accès à des produits pétroliers à faible coût. Ses objectifs furent atteints. C'est ainsi que les pétroles et les gaz de schiste venaient de rebattre les cartes du marché des hydrocarbures : les Etats-Unis en regorgent, les exploitent à rendement maximal tout en disposant de conditions économiques favorables car l'exploitation d'un gisement de schiste est rapide et beaucoup moins coûteuse que celle d'un gisement traditionnel. Le plan se déroula à merveille d'autant plus que la concurrence internationale parvenait difficilement à s'accorder pour décider d'une politique de production revue à la baisse afin d'enrayer la dynamique de la baisse des prix d'échange. Les conditions étaient ainsi très favorables aux producteurs américains qui amassaient des profits considérables. Le système atteignit ses limites avec la Covid-19, la baisse de la demande mondiale et une offre qui ne s'était pas adaptée à la réalité de la situation. Les prix s'effondrèrent et le chaos s'empara rapidement du secteur pétrolier soudainement fragilisé et impréparé à affronter un tel tourbillon défavorable. En quelques semaines, nombreux furent les producteurs qui durent se résigner à cesser leur activité.

Soutien sectoriel et vaine obstination de Donald Trump

Ce concours de circonstances joua en défaveur de Donald Trump. Tandis qu'il disposait d'une cote de popularité exceptionnelle pour un Président en exercice depuis trois ans et que l'élection présidentielle de novembre 2020 s'annonçait comme une formalité, il fut ébranlé par une situation qui commença à échapper à son contrôle. Lorsque la Covid-19 commença à faire ses premières victimes, il fut largement critiqué pour une gestion de crise qui n'était pas bien perçue par l'opinion publique. Comme évoqué ci-dessus, à ce contexte sanitaire inédit, les tensions sociales se ravivèrent sur fond de violences policières et de tensions raciales en raison de plusieurs affaires tragiques qui mobilisèrent les populations dans plusieurs grandes villes du pays. Enfin, la catastrophe économique induite par la crise sanitaire mit plusieurs dizaines de millions d'individus dans une situation personnelle très précaire en raison des nombreuses suppressions d'emplois. Il y eut un rebond dans l'économie américaine qui permit la création de nouveaux emplois mais cette crise de l'emploi n'était pour autant pas résorbée. C'est dans ces circonstances que le candidat Biden commença à devenir un présidentiable en puissance. Plus le temps passa et plus les instituts de sondages accordèrent des intentions de vote grandissantes à l'ancien vice-président des Etats-Unis, jusqu'au point de rupture qui le vit véritablement s'envoler dans les sondages. Cette tendance se réduisit toutefois à l'approche du scrutin présidentiel même s'il disposait d'une confortable avance d'après les sondeurs.

C'était sans compter sur la détermination de Donald Trump d'inverser le cours des choses et de se lancer dans une bataille impitoyable pour laquelle il était convaincu d'en sortir vainqueur… sauf en cas de trucage de l'élection, selon ses dires. Joe Biden mena une campagne électorale sereine, voulant montrer qu'il était capable de répliquer avec autorité aux attaques de son adversaire. De plus, le spectre de 2016 faisait sa réapparition dans la mesure où le doute avait été instillé par rapport à la fiabilité de la méthodologie des instituts des sondeurs américains qui, il faut l'admettre, avaient mal évalué la situation. Certes, le résultat définitif leur donna raison pour 2020. Joe Biden a sans conteste remporté l'élection mais le combat fut beaucoup plus serré que ce qui avait été prédit.

Le 3 novembre, la tendance annoncée commença à prendre forme. Les Démocrates prenaient l'ascendant pour la Chambre des Représentants. Quant au Sénat, le duel entre les deux grands partis promettait d'être intense tandis qu'aucune majorité ne semblait se détacher. Quant à l'affrontement pour la Maison Blanche, ils accordèrent rapidement un avantage au candidat démocrate. C'est dans un contexte houleux que la tradition fut rompue et que Donald Trump refusa de concéder sa défaite, préférant mettre à exécution ce qu'il avait annoncé en amont et de contester la validité de l'élection. A ses yeux, il ne faisait aucun doute qu'une victoire adverse n'avait pu être conditionnée que par une fraude. C'est ainsi qu'il entreprit le dépôt de nombreux recours juridiques afin d'apporter la preuve d'irrégularités dans l'organisation du vote.

Plus de deux semaines après le grand jour électoral, il n'a pas pu apporter de preuve validant ses soupçons. Il lui faut désormais se rendre à l'évidence et accepter la défaite, chose dont il n'est pas coutumier du fait. Pourtant, il n'aura pas d'autre choix que de quitter la Maison Blanche le 20 janvier prochain. Joe Biden deviendra alors officiellement le 46ème Président de l'histoire des Etats-Unis d'Amérique. Une période de deux mois permet traditionnellement d'effectuer progressivement la transition politique. Cette dernière est considérablement perturbée par la mauvaise volonté affichée par Donald Trump qui s'obstine à entraver la bonne marche démocratique des institutions. Tout argument pouvant nuire à la future présidence Biden peut faire l'objet de décisions visant à lui rendre sa tâche encore plus ardue. L'une d'elles consiste à la placer face à une contradiction : l'homme qui s'est engagé à déployer des politiques énergétiques en vue de réduire l'influence du pétrole aura bien du mal à mettre son plan à exécution. Donald Trump s'y emploie dans ce sens.

De même, le contexte économique et géopolitique ne plaide pas en faveur d'un désengagement à venir des Etats-Unis du secteur pétrolier. Il est plus probable que Joe Biden soit contraint de maintenir un cap de forte production des pétroles et des gaz de schiste en vue de ne pas pénaliser un secteur d'activité pourvoyeur de nombreux emplois mais qui contribue également à maintenir le pouvoir d'influence des Etats-Unis sur la scène politique mondiale. C'est la raison pour laquelle Donald Trump a fait courir le bruit qu'il n'était pas opposé à une frappe militaire en Iran avant le 20 janvier… Cette annonce ne sera probablement pas suivie d'effet mais elle a évidemment provoqué les foudres des dirigeants iraniens qui promettent des représailles terribles si un tel scénario devait se produire. Le but de la manœuvre était plutôt de provoquer la future Administration Biden et de la mettre dans l'embarras en devant gérer un problème iranien qui risque cependant de déplaire aux alliés arabes du Golfe Persique. En clair, si Joe Biden consent à traiter avec l'Iran comme Barack Obama le fit en son temps, d'importantes conséquences seront à prévoir sur les marchés pétroliers, surtout dans l'hypothèse où un assouplissement des sanctions vis-à-vis de Téhéran devait être considéré. S'il était permis à l'Iran de pouvoir à nouveau exporter sur le marché international, les prix d'échange en seraient fatalement impactés sauf si les autres producteurs acceptent de réduire leur production, hypothèse au demeurant peu probable étant donné que tous ont cruellement besoin d'écouler des stocks et de générer des revenus.

Un changement de cap de gouvernance à venir

Trois semaines après l'élection présidentielle, Donald Trump semble enfin prêt à accepter le principe de la transition même s'il persiste à refuser toute forme de défaite électorale tandis que les recours juridiques déposés lui reviennent défavorables. Pendant ce temps, Joe Biden a travaillé sur les grandes lignes de son prochain gouvernement et une première ébauche fait état de plusieurs noms de futurs chefs d'administration. Celui d'Antony Blinken est préposé au Secrétariat d'Etat pour la succession de Mike Pompeo. Si le nom de Susan Rice avait pendant quelques jours semblé être celui du favori pour la diplomatie américaine, c'est finalement un homme fervent défenseur du multilatéralisme qui pilotera la politique étrangère nationale. C'est la confirmation qu'un nouveau cap diplomatique va être déployé et qu'il prendra le contrepied de ce qui fut entrepris par Donald Trump. C'est également la confirmation que les Etats-Unis vont rapidement s'atteler à des dossiers chers à Joe Biden et qui marquèrent la diplomatie Trump : le retrait de l'Accord sur le climat de Paris ainsi que le retrait de l'accord sur le nucléaire iranien. La logique veut qu'il mette en place les mécanismes nécessaires qui déferont ce que Donald Trump avait décidé et qui allaient à l'encontre des politiques publiques développées par Barack Obama. Ainsi, un geste d'ouverture à l'égard de l'Iran sera nécessairement un acte dont la portée dépassera largement le cadre symbolique. Il lui faudra faire montre d'une redoutable capacité de diplomate pour ne pas contrarier les alliés du Moyen-Orient que Donald Trump finit par « fidéliser » en rapprochant l'Etat d'Israël de plusieurs monarchies arabes productrices d'hydrocarbures. L'initiative du 45ème Président des Etats-Unis était une manœuvre visant à assurer une continuité de son action diplomatique en cas de réélection ou bien une envie de contrarier ou de compliquer la tâche de son successeur en cas de défaite. Plusieurs lectures sont possibles même si le champ lexical de la défaite est fortement réprouvé au sein du clan Trump. Peut-être parvint-il à sceller cet accord diplomatique car les tendances de vote lui étaient alors défavorables et qu'il envisageait secrètement le spectre d'une défaite électorale... Peut-être livrera-t-il un jour prochain ses impressions et ressentis dans ses futures mémoires.

En attendant, le Moyen-Orient appréhende les premiers pas de Joe Biden et ses premières décisions. Une réouverture du dialogue avec Téhéran aura de grandes chances de fragiliser tout ce qui a été entrepris avec l'Arabie saoudite et Israël notamment qui verront dans tout geste d'ouverture à la discussion une raison de prendre leurs distances avec les Etats-Unis et de se rapprocher de la Russie. Ce n'est qu'un exemple mais cette région soumise à tant de tensions durables ne fait pas uniquement l'objet de tensions ou conflits locaux voire régionaux. En effet, il existe une lutte des pouvoirs à un niveau extérieur qui oppose plusieurs grandes puissances politiques internationales dont les Etats-Unis et la Russie. En somme, un geste d'ouverture à l'égard de la République Islamique d'Iran est susceptible de générer à court ou moyen terme de grandes conséquences sur les marchés pétroliers dont l'hypothèse d'une augmentation de l'offre globale d'or noir sur les marchés internationaux si une partie des sanctions portant sur les exportations de pétrole iranien devait être levée. Un tel scénario prendrait des allures de catastrophe économique pour les grands producteurs internationaux mais pourrait assouvir les intérêts des compagnies pétrolières américaines si d'aventure les prix d'échange parvenaient à « se stabiliser » à un niveau bas, c'est-à-dire insuffisant pour assurer un équilibre budgétaire à l'Arabie saoudite et à la Russie, mais suffisant pour permettre aux entreprises américaines de générer des profits. Ce scénario est hypothétique. Il en existe d'autres.

Notre point de vue est le suivant : si rien n'est impossible dans le domaine des relations internationales, il sera très compliqué pour la nouvelle diplomatie américaine de s'engager dans un nouveau dialogue avec l'Iran sans contrarier l'Arabie saoudite, ses alliés arabes et l'Etat d'Israël. L'Administration Biden devra se montrer ferme à l'égard de Téhéran. Il sera sans doute moins périlleux de réintégrer l'Accord sur le climat de Paris, acte à venir qui recevra les louanges de la communauté internationale. Toutefois, il appartiendra au nouveau Président élu de mettre en place un programme énergétique cohérent qui permette d'améliorer ce pour quoi il s'oppose à son prédécesseur en matière climatique. Il ne faudra pas uniquement espérer des gestes ou initiatives à portée symbolique mais des actes et des résultats concrets. Mais notre raisonnement nous conduit à penser que le pétrole américain a encore de beaux jours devant lui, que le secteur pétrolier américain devrait continuer de tourner à plein régime. Peut-être que les Etats-Unis parviendront sous la mandature Biden à réduire leur consommation d'énergie émettrice de gaz à effet de serre. Cependant, si le secteur pétrolier national poursuit sa politique de production, cela signifie que ce qui aura été épargné aux Etats-Unis sera, quoi qu'il advienne, consommé ailleurs… au risque de ne générer aucune amélioration en matière de lutte contre le réchauffement climatique. Nous commençons à discerner les futures grandes lignes de la diplomatie américaine. Elles sont louables à nos yeux mais elles se heurteront à des désapprobations d'Etats qui s'étaient rapprochés de la Maison Blanche sous la mandature Trump. La diplomatie est le fait des hommes. Les relations internationales sont soumises à des jeux d'alliance évolutifs. Nous sommes à l'aube d'une nouvelle ère qui amènera son lot de joies et de peines.

Ouverture et pragmatisme diplomatique en vue

Dans le giron des relations internationales, les règles du jeu sont connues. Pour ce qui est des Etats-Unis, tout le monde sait qu'une Administration a une durée de vie de quatre ans au minimum ou de huit ans au maximum lorsque le Président élu achève sa mandature dans son intégralité. Du fait de l'alternance politique, tout le monde sait également qu'un nouveau Président élu aura une vision de la politique étrangère différente de celle de son prédécesseur. Il peut arriver qu'un chef d'Etat change de vision au cours de sa mandature. Souvenons-nous de l'exemple George W. Bush dont le premier mandat fut très influencé par les événements du 11 septembre 2001, mandat lors duquel l'influence néo-conservatrice des faucons fut omniprésente et qui militait pour une vision interventionniste mais surtout unilatéraliste. Le second mandat présidentiel du 43ème Président des Etats-Unis différa puisque la politique étrangère nationale fut alors moins interventionniste et placée sous le sceau du dialogue. Son successeur milita pour le retrait progressif des troupes américaines d'Irak et d'Afghanistan. De même, il s'attela à promouvoir une diplomatie moins rigoriste à l'égard de l'Iran, pays qui avait été nommément cité naguère comme faisant partie de l'*Axe du mal* par George W. Bush. Chaque nouveau Président élu aux Etats-Unis dicte sa diplomatie et s'entoure en conséquence d'un Secrétaire d'Etat qui agira dans le sens de sa vision de la politique étrangère.

Avec la prochaine mandature Biden, la nouvelle Administration prend forme et la politique étrangère devrait vraisemblablement s'orienter vers un nouveau dialogue avec la communauté internationale, apportant ainsi un nouveau souffle qui peut rassurer certains et terrifier les autres. L'exemple du Moyen-Orient est illustratif de cet état de fait car en souhaitant prôner une diplomatie davantage tournée vers le dialogue avec l'Iran, Téhéran peut y voir un signe positif qui ne sera pas perçu de la même façon par Riyad et Jérusalem. De même, quelle sera la position américaine à l'égard de la Corée du Nord ? Tout le monde se souvient de ce volte-face surprenant de Donald Trump qui accepta le principe de rencontrer Kim Jong-Un et d'en faire un « ami », relation personnelle qui alla jusqu'au foulement symbolique du territoire nord-coréen à proximité de la zone démilitarisée séparant les deux Corées alors que ce dernier avait débuté sa mandature avec une position très ferme à l'égard de Pyongyang… et qui pouvait laisser augurer le pire avec une potentielle crainte de déclenchement de conflit armé. Donald Trump avait pris de court son Administration et son Secrétaire d'Etat lorsqu'il entreprit d'entrer en contact avec le leader nord-coréen, sûr de sa force et de sa capacité à lui imposer ses volontés en matière de dénucléarisation. Ce fut un échec retentissant, jamais admis comme tel par le magnat de l'immobilier new-yorkais, mais la Corée du Nord n'a jamais cédé aux revendications de la Maison Blanche. Depuis lors, les relations Washington-Pyongyang sont en stand-by. Il semble toutefois peu probable que la nouvelle Administration Biden s'engage dans une voie telle que celle entreprise par Donald Trump. Joe Biden ne prendra pas le risque d'essuyer un affront en se lançant dans une diplomatie « souple » pour un résultat escompté qu'il n'atteindra pas. Donald Trump s'est trompé sur le cas nord-coréen. Il a sous-estimé la réalité de la situation et surtout le poids de l'influence chinoise dans les décisions prises par Kim Jong-Un.

La Chine fait partie des grands défis à venir pour la diplomatie américaine. Joe Biden a clairement exprimé sa volonté de maintenir la grandeur américaine et de ne pas aliéner son leadership politique et économique. Cela constitue un message adressé à la Chine ainsi qu'à d'autres puissances étrangères que l'ouverture au dialogue ne doit pas être assimilée à une éventuelle faiblesse américaine. En ce sens, le dossier nord-coréen ne pourra pas être géré comme il le fut par Donald Trump. Il constitue un argument politique et diplomatique dans le cadre de la rivalité qui oppose la Chine aux Etats-Unis. De même, le nouveau Président Biden a été critiqué par son prédécesseur pour ses relations personnelles entretenues avec des dignitaires et hommes d'affaires chinois. Il lui faudra par conséquent montrer que les Etats-Unis n'entendent pas entreprendre quoi que ce soit qui puisse être perçu par l'opinion publique américaine comme une forme de faiblesse reconnue à l'égard de la Chine. L'exemple nord-coréen est très révélateur d'un état de fait qui est que la diplomatie américaine va fortement évoluer au cours des quatre prochaines années.

Tout cela nous conduit à considérer que la tâche à assumer en matière de politique énergétique, telle que promise lors de la campagne électorale, sera plus compliquée qu'il n'y paraît car les problématiques diplomatiques seront nombreuses et constitueront des difficultés à surmonter ou à surpasser pour promouvoir effectivement ce plan de lutte contre le réchauffement climatique qui doit nécessairement passer par une baisse à venir de la consommation des hydrocarbures. En d'autres termes, toute la question repose sur le choix cornélien de mettre en place une politique de moyens ou bien de se doter des moyens de sa politique. Joe Biden devra rapidement imposer son style à compter de son investiture. Il n'y a pas à douter qu'il compte s'engager fermement dans la lutte contre le réchauffement climatique et qu'il optera pour une réintégration des Etats-Unis dans l'Accord sur le climat de Paris au plus vite. Cela n'implique pas nécessairement qu'il s'engage effectivement dans une politique de réduction de la dépendance au pétrole. Toutefois, il va sans doute poursuivre la politique portant sur les nouvelles énergies dont l'hydrogène, option déjà mise en exergue sous la présidence Trump mais pour laquelle il n'y a eu, curieusement, que trop peu de communication autour.

Conclusion

Les grands enjeux diplomatiques et stratégiques risquent en effet de contrarier les intentions louables du nouveau Président américain qui va rapidement vouloir réintégrer l'Accord de Paris afin de rassurer la communauté internationale. Toutefois, même s'il a déjà évoqué ses plans économiques qui se rapprochent de ceux naguère promus par Barack Obama, les prix des produits pétroliers constitueront un enjeu de poids au sein de l'opinion publique américaine en vue des élections de mi-mandat de novembre 2022. Déjà marquée par une sévère crise économique en raison de la Covid-19, l'opinion publique sera sensible à des réalisations concrètes et notamment ce qui constitue des dépenses nécessaires dans les foyers américains. Chacun sait que les Américains sont de grands consommateurs de produits pétroliers, les plus grands consommateurs au monde. C'est dans un sens ce qui anime la volonté de s'attaquer à la dépendance nationale au pétrole tandis que Donald Trump était parvenu à permettre des prix d'accès raisonnables aux yeux du consommateur américain. Si Joe Biden souhaite maintenir ce cap, il lui faudra jongler habilement et trouver le bon équilibre. Si son souhait est de conserver la satisfaction de ses concitoyens qui achètent des produits pétroliers à prix bas, cela ne sera rendu possible qu'en maintenant des caps élevés de production d'or noir et de favoriser l'exploitation des pétroles de schiste. C'est la conséquence la plus logique. Cependant, rien n'indique qu'il s'agisse de l'option qui sera choisie. Si cette hypothèse devait être validée, le lobby pétrolier aurait ainsi de bonnes raisons de se réjouir.

De même, les problématiques internationales tendent à jouer en faveur de cette réflexion car le meilleur moyen d'affaiblir les autres grandes puissances pétrolières est de maintenir une politique de production qui parvienne à conserver des prix d'échange relativement bas. Cela revient à jouer sur l'offre disponible. Cette hypothèse est d'autant plus envisageable si la nouvelle diplomatie américaine devait s'attirer les foudres de l'Arabie saoudite. Une réouverture des discussions avec l'Iran sera mal perçue dans le royaume wahhabite. Nous nous souvenons de la visite officielle de Barack Obama qui était alors venu pour annoncer son intention d'apaiser les tensions avec l'Iran pour le dossier nucléaire. Cela avait été perçu comme une trahison à Riyad. Joe Biden prend ainsi le risque de s'exposer à une réaction similaire. Or le tendon d'Achille saoudien est précisément pétrolier. L'économie nationale de ce pays arabe repose presque exclusivement sur la vente du pétrole. La conjoncture actuelle est largement défavorable au royaume wahhabite car les prix d'échange sont très en-deçà des niveaux permettant au pays de rétablir un équilibre budgétaire tandis que la société saoudienne dépend très fortement de l'activité de Saudi Aramco. La faiblesse saoudienne est sa dépendance aux revenus générés par le pétrole. Le manque de diversité sectorielle et le fait que les emplois sont pour la plupart financés directement ou indirectement par Saudi Aramco mettent Riyad dans une position très inconfortable si les Etats-Unis devaient maintenir des caps de production d'or noir visant à déséquilibrer le rapport offre-demande en faveur de l'offre. Les répercussions sont potentiellement catastrophiques pour l'Arabie saoudite. Les Etats-Unis disposent ainsi d'un moyen de pression. Pour autant, chercheront-ils à rendre susceptibles les alliés qui ont renforcé leur liens avec les

Etats-Unis sous Donald Trump ? De même, n'est-il pas risqué de compromettre les avancées diplomatiques négociées et entérinées par plusieurs Etats arabes et l'Etat d'Israël ? Ce sont deux interrogations parmi d'autres qui soulèvent de possibles conséquences d'une réouverture de dialogue avec l'Iran.

Dans l'absolu, la meilleure arme diplomatique américaine est à ce jour son poids d'influence sur le marché pétrolier mondial. C'est en ce sens que l'or noir demeure encore la ressource naturelle au pouvoir stratégique le plus grand. Si l'Arabie saoudite disposait d'une économie nationale beaucoup moins dépendante au pétrole, elle aurait sans doute une marge de manœuvre plus grande à faire valoir sans se risquer à compromettre son équilibre budgétaire. C'est ce qui nous laisse penser qu'un geste américain à l'égard de l'Iran sera mal perçu à Riyad mais que le royaume wahhabite ne pourra se permettre d'être trop véhément car Joe Biden disposera de l'atout maître : le pouvoir d'influencer les prix du marché. Tout se négocie, bon gré mal gré. Tout est réversible, évolutif ou modifiable dès lors que les acteurs en jeu s'accordent et conviennent d'une politique commune qui, à défaut de satisfaire tout le monde, permette cependant à chacun d'y trouver un intérêt. Les premiers pas de Joe Biden en qualité de Président des Etats-Unis seront scrutés par l'ensemble de la communauté internationale. Il sera attendu au tournant. Si son intention est de maintenir avec fermeté une position américaine inébranlable à l'égard de la concurrence internationale, il lui faudra prendre des décisions qui s'écarteront de ce qui a constitué des promesses électorales. Dans une telle perspective, il pourra difficilement remporter des victoires diplomatiques sans s'appuyer sur le secteur pétrolier américain qui constitue un atout majeur pour la défense d'intérêts stratégiques à l'international. Rien n'est évidemment entériné et il est tout à fait possible que la nouvelle Administration opte pour une stratégie différente et compatible avec une baisse de l'activité pétrolière américaine. Il faudra cependant que les arguments mis en avant soient extrêmement persuasifs.

Le grand défi de Joe Biden
Janvier 2021

Mercredi 20 janvier 2021, devant le Capitole, haut lieu symbolique de la démocratie américaine, Joe Biden prêtera serment pour devenir le 46ème Président de l'histoire des Etats-Unis d'Amérique. Les images de la cérémonie seront relayées par les médias du monde entier. Ce sera une forme de finalisation ou bien de consécration pour celui qui remporta le scrutin présidentiel quelques semaines plus tôt et qui se heurta ensuite au refus catégorique de Donald Trump de reconnaître une quelconque défaite sans référer à une prétendue fraude électorale. En décembre, le collège électoral reconnut officiellement la victoire du candidat démocrate, décision qui fut à son tour définitivement actée par le Congrès… tandis que dehors, dans les rues de Washington, le Président sortant discourait devant un public nombreux et acquis à sa cause qui, à l'instar de son champion, refusait la reconnaissance d'une victoire électorale de Joe Biden. Une fois le discours achevé, il se déroula alors cette scène que l'on n'imaginait pas possible aux Etats-Unis : l'envahissement du Capitole par des manifestants qui voulurent contester la légitimité de la victoire démocrate tandis que le Congrès était précisément réuni à cet instant-là pour acter cette dernière. Il fallut évacuer dans la précipitation les membres du Congrès pour les placer en lieu sûr. Le reste fut une succession d'images choquantes. L'envahissement du Capitole fut le point d'orgue d'un malaise global qui sévit aux Etats-Unis depuis plusieurs années, peut-être depuis l'accession au pouvoir de Donald Trump en 2017. Il est difficile de dater un point de départ à ce qui est devenu une évidence au fil du temps : la société américaine est profondément divisée.

A défaut de livrer une thèse spéculative sur les raisons de l'envahissement du Capitole, il faut comprendre que Donald Trump a conservé malgré tout un fort soutien populaire. Il est probablement le Président sortant le plus populaire de l'histoire nationale. Au risque de nous tromper dans notre analyse, il avait les cartes en main pour remporter l'élection présidentielle. Il les a mal jouées. Il a perdu non pas parce que Joe Biden était plus populaire que lui mais parce qu'il a sans doute trop déçu ou agacé des gens qui ont finalement décidé d'accorder leur suffrage au candidat démocrate afin de voter contre Donald Trump. Ce dernier pouvait se targuer de présenter un bilan très flatteur à la fin de l'année 2019. Il bénéficiait alors d'une cote de popularité exceptionnelle après trois ans passés à la Maison Blanche.

En début d'année 2020, alors que les primaires démocrates révélaient des candidats aux ambitions présidentielles affirmées et pour lesquelles Joe Biden se retrouva en difficulté avant de prendre un avantage décisif lors du *Super Tuesday* [10], les chances démocrates pour une victoire finale paraissaient faibles car personne ne voyait ce qui pouvait empêcher l'excentrique et fantasque Donald Trump de remporter une deuxième échéance présidentielle. Il y eut pourtant un élément perturbateur qui fut mal apprécié par l'homme fort de la Maison Blanche : la pandémie de la Covid-19. Cette dernière se répandit dans l'hémisphère nord à grande vitesse, devenant un problème sanitaire de grande envergure en quelques semaines à peine. Aux Etats-Unis, en peu de temps, les premiers cas déclarés furent rapidement suivis sur la Côte Est des premiers décès. Les images d'hôpitaux new-yorkais dépassés par l'afflux de nouveaux malades, la détresse du personnel médical et les images insoutenables de corps de défunts empilés les uns sur les autres pour montrer l'augmentation rapide et

---

[10] Traduction de l'auteur : le Super Mardi. Depuis 1988, c'est le jour de mars lors duquel une majorité d'Etats vote pour désigner un candidat à l'investiture présidentielle chez les Démocrates ou les Républicains.

effrayante du nombre de décès imputés à la Covid-19 ont été abondamment relayées aux Etats-Unis et dans le reste du monde. Il était demandé à Donald Trump d'agir, de prendre des décisions pour tenter d'enrayer au plus vite les effets dévastateurs de la pandémie tant pour la population nationale que pour le système économique. De quelques dizaines, les victimes devinrent rapidement centaines, puis milliers, puis dizaines de milliers. Cette forme de coronavirus migra ensuite vers les Etats du Sud mais également vers l'Ouest. Pendant ce temps, Donald Trump donnait l'impression de minimiser les effets de la Covid-19 et se fendit de plusieurs communications sur le sujet qui choquèrent l'opinion publique. Les gens mouraient et l'économie nationale était parallèlement secouée par la crise sanitaire. Entre les décès et les nombreuses pertes d'emplois, Donald Trump ne satisfit manifestement pas aux yeux d'une majorité de la population. Sa cote de popularité déclina. Les intentions de vote pour le futur candidat démocrate commencèrent à décoller, au point que les instituts de sondage firent de Joe Biden, ce dernier ayant finalement remporté l'investiture démocrate, le favori de l'élection.

Pendant ce temps, plutôt que de comprendre la désapprobation populaire à son égard, Donald Trump continua de communiquer comme il l'a toujours fait. Entre provocations, maladresses et autres appellations dont le but est de montrer tout ce qui a pu jouer en sa défaveur, le 45ème Président des Etats-Unis s'est mis beaucoup de monde à dos… alors qu'il conservait malgré tout une base de soutien très importante. C'est probablement ce qui lui a donné l'illusion que rien ne pourrait lui arriver et qu'il ne pouvait que gagner l'élection du 3 novembre 2020. Entre temps, la situation sanitaire continuait d'empirer de jour en jour aux Etats-Unis et un vieux démon commençait à ressurgir : les tensions sociales. Plusieurs affaires médiatisées d'interventions policières aux issues dramatiques ont amené les populations noires à dénoncer des cas de maltraitances policières à l'encontre des personnes de couleur trop fréquentes et surtout injustifiées. Des mouvements de grande ampleur prirent forme dans plusieurs métropoles américaines sans que pour autant Donald Trump ne donnât l'impression de vouloir calmer les tensions sociales. Là encore, plusieurs déclarations de sa part, intentionnelles ou bien maladroites, choquèrent. Tout ce qui pouvait lui être pardonné entre 2017 et 2019 ne l'était plus en 2020. Crise sanitaire et économique puis tensions raciales furent des dossiers trop épineux. Leur gestion de crise fut mauvaise. Quant à la communication, elle ne fut pas à la hauteur des attentes de l'électorat. Le vote du 3 novembre sanctionna tout cela.

Donald Trump était nourri d'une foi inébranlable en ses chances de succès électoral, convaincu d'être suffisamment aimé pour gagner son deuxième pari présidentiel après celui de 2016. Il a sans doute manqué de discernement, mal appréhendé la réalité des choses, mal évalué sa véritable popularité et surtout l'impopularité naissante, croissante et qui allait finalement devenir un fossé insurmontable. Il a toujours affirmé que le mot « défaite » ne faisait pas partie de son vocabulaire. Pourtant, plusieurs mois avant l'élection, il avait commencé à diffuser le message qu'une victoire démocrate ne pourrait provenir que d'une fraude électorale et qu'il s'emploierait le cas échéant à ne pas reconnaître sa défaite comme s'il avait senti que le spectre de cette dernière demeurait une éventualité. Cette communication était déjà dangereuse car elle sous-entendait que le système électoral était biaisé et qu'il jouerait en faveur des Démocrates. En somme, il avait annoncé à l'avance ce qu'il allait entreprendre, à ceci près que le verdict du 3 novembre fut sans doute une douche froide pour lui, si convaincu de sa force et de sa capacité à écarter tout obstacle se dressant contre lui. Il refusa d'admettre sa défaite. Son discours résonna comme une menace pour la démocratie américaine. Lui était convaincu d'avoir été la victime d'une élection truquée et entendait le faire reconnaître par des cours de justice qui virent éclore de nombreuses actions pour lesquelles aucune requête n'aboutit à une conclusion allant dans le sens d'anomalies constatées concernant les votes. Malgré cela, il s'obstina dans la voie de la négation de la défaite, promettant de mettre en œuvre tout ce qu'il lui était possible de faire pour nuire à la transition du pouvoir. C'est ce qu'il fit. Tout fut mis en branle pour perturber la passation de pouvoir, la mauvaise foi étant de mise tandis que le maintien d'un discours dangereux sur la dénonciation d'une fraude électorale faisait son effet auprès de ses plus fervents partisans, convaincus, pour certains, par la thèse d'une fraude de grande ampleur.

En décembre 2020, plusieurs membres de la garde rapprochée de Donald Trump, certains ayant probablement compris qu'aucune fraude électorale ne serait démontrée, d'autres étant plutôt lassés par la communication polémique de Donald Trump, présentèrent leur démission. Sans doute ces gens souhaitaient-ils montrer à leur patron que ses agissements ne jouaient pas en faveur d'un apaisement de la situation. Son comportement et sa communication représentaient un risque pour l'avenir de la démocratie aux Etats-Unis. Il conserva toutefois quelques soutiens au sein des élus Républicains mais lorsque le Congrès se réunit pour valider définitivement la victoire électorale de Joe Biden, et face à l'envahissement du Capitole qui ébranla toutes les institutions nationales garantes de la démocratie, certains élus républicains communiquèrent officiellement en reconnaissant la victoire du candidat démocrate, signifiant ainsi à Donald Trump la fin de la partie, lui faisant ainsi comprendre que tout ce qui visait à entraver le processus de passation de pouvoir ne serait plus soutenu par le parti conservateur. L'attitude globale de Donald Trump avait été très préjudiciable pour l'ensemble des Etats-Unis. Le pays était alors au bord du chaos et il importait au plus vite de chercher les bonnes solutions pour ramener la paix sociale. La société américaine est profondément divisée. Joe Biden le sait. Quant aux institutions garantes de l'esprit démocratique aux Etats-Unis, elles craignent désormais pour la sécurité de celui qui prêtera serment le 20 janvier.

Après les événements du 6 janvier, tout scénario est malheureusement envisageable. C'est la raison pour laquelle les effectifs de la garde nationale mobilisés pour sécuriser la ville de Washington sont inédits. Plusieurs jours avant la prestation de serment, le monde entier put découvrir une capitale américaine qui avait pris des allures de ville assiégée, paraissant dépeuplée de sa population ordinaire et ne donnant l'impression d'être occupée que par des forces de police et militaires. La prestation de serment se déroulera dans une ambiance particulière. Elle allait de toute les façons l'être en raison des protocoles sanitaires à considérer eu égard à la Covid-19. Elle allait également l'être d'autant plus en raison de l'absence de Donald Trump qui aura su jusqu'au bout afficher un visage de mauvais perdant qui ne plaidera pas en sa faveur. Traditionnellement, le Président sortant assiste à la cérémonie de l'investiture du nouveau Président élu. Cette présence symbolique ne revêt aucun caractère obligatoire. Elle a pour mission de véhiculer le message que la démocratie prime plus que tout aux Etats-Unis. Une transition politique s'opère dans le cadre d'une victoire du camp adverse et constitue une reconnaissance officielle que c'est définitivement le choix du peuple qui s'est exprimé. Donald Trump laissera assurément une image négative en raison de tout ce qui fut entrepris en fin de règne pour contester et nier farouchement sa défaite, au risque de déchaîner les passions et de mettre son pays en péril en raison de motivations pour lesquelles la justice fédérée et fédérale n'a jamais reconnu quoi que ce soit qui aille dans le sens d'une fraude constatée dans l'organisation et le déroulement du vote pour l'élection présidentielle. Jusqu'au bout, Donald Trump aura nié les évidences. Jusqu'au bout, il aura usé de tous les stratagèmes pour rendre plus difficile la prise de fonctions à venir de son successeur. Pour ce dernier, il faudra impérativement prendre le contrôle des opérations et trouver les bons mots pour rassurer la population nationale afin de soigner ses maux qui ont tant semblé s'exacerber en 2020.

Deux grandes priorités

Lorsqu'il aura prêté serment, il sera officiellement investi en qualité de 46ème Président des Etats-Unis. Le tout se déroulera dans une ambiance inédite et unique. Les rues aux environs du Capitole seront quasiment désertes, principalement occupées par les forces de la garde nationale déployées en nombre pour l'occasion. En effet, la survenance d'un attentat contre la personne du nouveau Président serait la pire chose qui puisse survenir aux Etats-Unis alors que le climat social est particulièrement perturbé. Les autorités craignent en effet des débordements dans les jours qui suivront la cérémonie d'investiture. Elles proviendraient des partisans pro-Trump les plus fervents et pourraient survenir dans n'importe quelle localité américaine. Il existe encore de nombreuses personnes qui demeurent convaincues que l'élection présidentielle fut truquée et que par conséquent, Joe Biden n'a aucune légitimité à diriger les Etats-Unis d'Amérique. Le climat social est effectivement très sensible. L'élection présidentielle a manifestement exacerbé les tensions qui ont connu un effet boule de neige pour plusieurs facteurs cumulés, toutefois non-exhaustifs, mais qui ont contribué à asseoir une division toujours plus profonde au sein de la population nationale. Avant l'irruption de la Covid-19, il ne serait pas juste d'affirmer que tout allait bien aux Etats-Unis. Considérons plutôt l'image de l'arbre qui cachait la forêt. Donald Trump se retranchait alors derrière un bilan économique flatteur mais au sein de la population américaine, le mal était déjà profond.

Cela faisait plusieurs années que les populations afro-américaines dénonçaient des injustices commises par les forces de l'ordre policières, en particulier par des agents blancs. Lorsque la crise pandémique rattrapa la patrie de l'Oncle Sam, les choses prirent une nouvelle tournure. Le ralentissement économique généra de nombreuses conséquences négatives pour beaucoup d'Américains avec des pertes d'emplois qui se comptèrent par dizaines de millions sur l'ensemble du territoire national. A cela, il convient d'ajouter la problématique sanitaire qui a tant fait débat et divisé. Donald Trump a sous-estimé la gravité de la situation. Il n'a jamais su trouver les bons mots pour expliquer que cette forme de coronavirus peut se déclarer de différentes manières et qu'elle n'impactera pas de la même façon les individus contaminés. Le taux de mortalité est relativement bas en comparaison du nombre des individus infectés. Cela ne signifie pas pour autant qu'il faille en sous-évaluer le niveau de gravité. Le pouvoir de l'image est considérable. Les Américains, pour certains, ont été choqués par les déclarations et communications de Donald Trump lorsque les médias relayaient des informations portant sur des hôpitaux saturés, les manques de moyens logistiques et les cas d'individus qui ne purent être placés dans les services de réanimation tant les autorités médicales n'étaient pas préparées à subir une vague de la sorte. Comme indiqué dans la partie introductive, il revient en mémoire ces images choquantes de charniers qui furent creusés à la hâte dans l'Etat de New York au plus fort de l'épidémie, lorsque les morts affluèrent à si grande vitesse que les services de pompes funèbres se retrouvèrent alors dans l'incapacité de traiter tous ces « clients ». Donald Trump a clairement mal géré la crise sanitaire. Cela lui a causé un grand préjudice pour sa campagne électorale alors qu'en janvier 2020, les tendances le donnaient largement gagnant pour le 3 novembre, quel que fût le candidat démocrate qu'il affrontasse. Il était certes connu pour sa communication explosive, bouillante, sans retenue et très crue. C'est ainsi qu'il ne laissait personne d'indifférent. Ses supporters, pourtant nombreux, étaient prêts à tout accepter de lui, jusqu'aux idées les plus fantaisistes. Nombreux furent aussi ceux séduits pendant un temps par son discours, sans doute ravis par les performances économiques du pays, mais qui se désistèrent avec le temps au gré des communications sulfureuses dont il était passé maître en la matière. Il ne fallait pas agir de la sorte avec la crise pandémique de la Covid-19.

Alors que Joe Biden s'apprête à prendre le relais de la gouvernance politique et économique du pays, près de quatre cent mille décès ont été officiellement imputés au coronavirus en près d'un an sur l'ensemble du territoire national. C'est considérable. D'autre part, la situation sanitaire paraît toujours hors de contrôle. C'est en ce moment au tour de la Californie de connaître les ravages de la Covid-19, son gouverneur ayant décidé de confiner l'Etat le plus peuplé de la fédération. Il est malheureusement à prévoir que les lignes statistiques verront prochainement le bilan humain s'alourdir alors que celui qui était encore Président élu avant d'être officiellement investi avait fait une opération de communication en se faisant vacciner publiquement. La crise sanitaire est grave. La crise sociale l'est tout autant. Donald Trump quitte la Maison Blanche alors que le pays continue de vivre des heures pénibles où la paix sociale est devenue un enjeu d'urgence absolue. En effet, les tensions sont vives et s'il faut espérer que les choses rentrent progressivement dans l'ordre avec le temps, que l'effet mécontentement des partisans de Donald Trump s'essouffle ou bien fasse moins parler dans les médias en raison d'autres priorités définies par la nouvelle Administration Biden, le risque d'un désordre social existe. C'est pour cette raison qu'il incombe à Joe Biden de trouver rapidement les mots qui apaiseront les tensions, de s'ériger en chantre de la paix, de promouvoir un discours égalitaire dans un pays où les communautés se sentent tant victimes d'injustice au regard de ce qui se fait chez les autres. Un immense chantier de communication attend le nouveau Président investi.

Très attendu sur la scène internationale

Il est facile de critiquer un choix ou une décision. Une fois qu'il obtint l'investiture démocrate pour défier Donald Trump, il eut un discours globalement sobre, plus mesuré que celui de son adversaire. Il n'a pas transporté ses concitoyens dans un état de transe avec des promesses toutes plus incroyables les unes que les autres. Non. Il n'a pas fait dans la promesse démesurée. Il a agi comme un politique raisonnable et rationnel. Son plan global s'inscrivait dans la logique de ce qui avait été entrepris par celui qu'il servit naguère pendant huit ans, Barack Obama. Il a mis en avant une dimension sociale que refusait Donald Trump. En somme, l'affrontement était logique. Donald Trump a méticuleusement détricoté tout ce qu'il put et qui fut mis en place par Barack Obama, tant en matière de politique intérieure qu'extérieure. Joe Biden en fera de même avec ce qui fut mis en place par Donald Trump, considérant de plus qu'il dispose désormais d'un Congrès majoritairement démocrate dans les deux chambres parlementaires. Joe Biden entend ainsi mettre en place un système de santé qui avait été promu par Barack Obama en son temps.

Sur la scène internationale, il entend aussi opérer un virage radical en repositionnant les Etats-Unis sur l'échiquier mondial en qualité d'Etat avec lequel le dialogue est possible. Dialogue et ouverture sont ainsi les maîtres mots de la diplomatie que la nouvelle Administration entend mettre en place. Cela fut déjà exposé par Joe Biden pendant sa campagne électorale. C'est ainsi qu'il déclara vouloir rouvrir les discussions avec l'Iran. Dans l'intention, l'exemple iranien est percutant pour les électeurs américains. Ce *rogue state* (état voyou), honni pendant l'ère Trump, redevient ainsi un acteur des relations internationales avec lequel il est possible de discuter et avec lequel il faut dialoguer. En somme, l'idée était de montrer au peuple américain que les crises diplomatiques peuvent se résoudre avec le dialogue sans nécessairement déclencher un conflit armé. L'intention était bonne mais mal avisée.

En effet, Joe Biden s'est mis en difficulté en clamant son intention de renouer un dialogue avec Téhéran. Cela revenait à occulter l'accord diplomatique scellé quelques semaines plus tôt entre plusieurs pays arabes moyen-orientaux et l'Etat d'Israël. Ce fut le dernier coup d'éclat de Donald Trump sur la scène internationale : réunir à une table des dirigeants étatiques que pourtant tout oppose. Oui, mais les pétromonarchies arabes et Israël ont un ennemi commun : l'Iran. Pendant sa campagne électorale, Joe Biden a sans doute commis une erreur en affirmant ses intentions vis-à-vis de l'Iran. Il a ainsi fait douter Jérusalem, Riyad et quelques autres capitales qui honnissent Téhéran. En somme, il s'est mis en difficulté tout seul. Il n'avait aucune obligation de mentionner explicitement le cas iranien. Il pouvait invoquer le souhait de faire valoir l'esprit diplomatique dans sa politique étrangère plutôt que de privilégier la menace du recours à la force armée. Cette prise de position à l'égard du dossier nucléaire iranien a provoqué un climat de méfiance au Moyen-Orient vis-à-vis de Washington.

Sans évoquer un quelconque lien de cause à effet, la Chine a ensuite mis un sérieux coup de pression sur Joe Biden. Le discours officiel de Pékin est très clair. Malgré les relations anciennes entretenues par la famille Biden avec la Chine, les amitiés personnelles ne primeront pas sur les intérêts des Etats. Xi Jinping et Donald Trump s'étaient livrés un duel sans merci. C'était à celui qui pénaliserait le plus les intérêts économiques de son adversaire, sans compter la rivalité technologique pour laquelle la Chine a su montrer qu'elle était désormais capable de rivaliser voire de dépasser son concurrent américain. L'affaire Huawei n'est ainsi pas qu'une affaire avec présomption d'espionnage. La technologie 5G que Huawei avait pour ambition de diffuser dans le monde a frappé les esprits américains qui ont alors compris que leurs concurrents chinois étaient capables de concevoir des technologies de très haut niveau de performance. D'autre part, la Chine continue de promouvoir des programmes spatiaux ambitieux et ne désespère pas d'envoyer une mission habitée sur la Lune pendant la décennie en cours. Plusieurs missions technologiques visant la Lune et Mars ont montré que la Chine détenait un savoir-faire qui n'a rien à envier à celui de ses concurrents. C'est une manière de montrer les muscles, comme lors de la guerre froide, lorsque les enjeux de la conquête spatiale firent partie des plans de communication visant à impressionner le camp adverse, de montrer une force économique susceptible de promouvoir ces programmes, le pouvoir des avancées scientifiques et bien entendu, la maîtrise de l'atome.

Joe Biden ne doit s'attendre à aucune faveur de la part de la Chine. Il va immédiatement être mis à l'épreuve par Pékin qui va chercher à comprendre quel type de

Président sera le 46ème chef de l'Etat américain. Il aura à peine eu le temps d'être investi à la Maison Blanche qu'il lui faudra s'atteler à des dossiers brûlants, tant en matière de politique intérieure qu'extérieure. Il lui appartiendra d'imprimer le bon tempo, de se faire accepter par tous, de se faire reconnaître comme un grand homme d'Etat unanimement respecté. Les premières semaines de gouvernance seront capitales pour la suite de son mandat présidentiel et il le sait. Souvenons-nous que la fin de règne Obama avait été marquée par des relations fraîches entretenues avec Israël, l'Arabie saoudite, la Chine mais aussi la Russie dont personne ne parle actuellement à Washington…

Une investiture marquée par un discours sur l'unité nationale et le retour vers des relations apaisées avec l'Occident

C'était le moment tant attendu de la journée d'investiture de Joe Biden : le premier discours du nouveau Président entré en fonction. Sans surprise, le message martelé fut destiné à l'unité nationale et à l'apaisement. C'était la bonne orientation à prendre. C'était impératif. Il fallait qu'il imprime immédiatement le tempo, qu'il se montre fédérateur et rassembleur. Le contenu du discours est bon. Il fallait rassurer, tranquilliser et surtout montrer un signe d'ouverture avec l'adversité qui refuse la victoire démocrate. Il est souhaitable que le discours ait été bien entendu et perçu, que les tensions s'estompent et que la lutte contre la pandémie Covid-19 devienne rapidement la grande préoccupation de la nouvelle Administration. Il faut effectivement rassurer la population. C'est ce que le peuple américain avait besoin d'entendre. Nul ne sait ce qu'il adviendra de ce qui apparaît comme une fracture sociale aux Etats-Unis mais le premier discours présidentiel de Joe Biden était bien intentionné. Il ne pourra pas lui être reproché de ne pas avoir pris à bras le corps les maux sociaux de son pays qui, lors des dernières semaines de la présidence Trump, ont sévèrement menacé la pérennité démocratique des institutions. La tâche la plus ardue attend le nouveau Président investi : faire passer son message pacificateur, qu'il soit entendu et convaincant afin que les plus récalcitrants soient à leur tour persuadés de mettre de côté leurs velléités contestataires pour le bien de la continuité démocratique. Un mal-être interne ne peut être que préjudiciable pour les Etats-Unis sur la scène internationale dont la crédibilité a été fortement affectée par les événements du 6 janvier 2021 avec l'envahissement du Capitole qui a choqué la communauté internationale.

Il avait promis de se mettre au travail dès son premier jour de présidence. Il signa de nombreux décrets. Il avait émis le souhait de mettre en avant ses idées et de mettre un terme à des décisions de Donald Trump qu'il ne partageait pas. C'est ainsi qu'une de ses priorités visait à faire réintégrer les Etats-Unis dans l'Accord sur le climat de Paris. Il compte redonner une nouvelle image des Etats-Unis dans le monde, notamment auprès des alliés occidentaux traditionnels qui avaient pris leurs distances avec Washington sous l'ère Trump. Il lui importe de rétablir des relations courtoises, amicales et surtout collégiales avec l'Occident. Il est décrit comme l'ami de l'Europe. La décision de s'attacher les services d'Antony Blinken est cohérente en vue de rétablir des relations complices avec l'Europe mais aussi avec le Canada, pays dirigé par Justin Trudeau qui goûtait peu aux méthodes Trump. Il est désormais temps pour les Etats-Unis d'opérer un nouveau virage diplomatique et de revenir à une approche des relations internationales placée sous le sceau de la collégialité avec les alliés anciens, en somme de restaurer l'esprit OTAN qui avait tant souffert sous la présidence américaine de Donald Trump. L'enjeu sera d'autant plus grand pour les Etats-Unis que comme indiqué dans la partie précédente, le nouveau maître de la Maison Blanche sera attendu au tournant sur de nombreux problèmes internationaux.

Au Moyen-Orient, il est perçu avec méfiance depuis qu'il a émis le souhait de s'atteler au dossier nucléaire iranien dans un climat de gestion plus souple que ce qui avait été mis en place par son prédécesseur. La Chine va également tester la résistance de Joe Biden, de comprendre quel genre d'homme d'Etat il incarnera sur la scène internationale, sachant que ce dernier a bien conscience qu'il lui faudra composer avec les ambitions chinoises qui ne se cachent plus : la Chine compte détrôner les Etats-Unis de leur leadership économique mondial. Quant à la Russie, un message subtil fut adressé à l'attention du nouveau Président américain, laissant entendre qu'il appartenait aux Etats-Unis de déterminer l'orientation qui serait accordée aux relations Moscou-Washington, un moyen de mettre un coup de pression sur Joe Biden et Antony Blinken. La Russie a conscience que les Etats-Unis comptent réactiver leurs bonnes relations diplomatiques avec l'Europe, ce qui dans l'absolu ne plaide pas pour un réchauffement des relations entre la Maison Blanche et le Kremlin.

La Russie fait partie des pays qui ont envoyé un message non-dissimulé à Joe Biden. Elle n'a actuellement aucun intérêt à se manifester comme étant un pays souhaitant imposer une pression. Il est préférable pour elle de rester discrète et d'observer ce que les autres font avant de passer à l'action. Le Président Poutine est un fin stratège. Il est conscient de ses atouts mais sait également que son pays ne dispose pas des mêmes moyens de pression que son voisin chinois. Il est par conséquent dans la position d'un observateur, sachant de plus que son pays est dans le collimateur des dirigeants américains démocrates qui affichent toujours autant de réticences à l'égard de la

Russie. Il appartient désormais à Joe Biden de décider de l'orientation qu'il compte mettre en place avec Moscou sachant qu'il lui faudra déjà faire ses preuves sur le dossier iranien et dans ses relations concurrentielles avec la Chine.

Soudain changement de tonalité du discours chinois
	Au lendemain de l'investiture de Joe Biden, la communication de Pékin a soudainement changé. La capitale chinoise s'était montrée offensive et quasi-menaçante à l'égard du nouvel homme fort des Etats-Unis. L'idée était sans doute de l'intimider et d'afficher des ambitions sans concession de concurrence acharnée dont la finalité est l'accession au rang de numéro un de l'économie mondiale. Joe Biden a fait savoir qu'il n'entendait pas se laisser intimider de la sorte et ferait son maximum pour défendre les intérêts de son pays, n'acceptant pas de se laisser imposer quoi que ce soit en provenance de Chine. Même s'il est connu que la famille Biden et l'Empire du Milieu entretiennent des liens amicaux depuis longtemps, l'ancien Sénateur du Delaware et vice-président sous Barack Obama a conscience des enjeux de leadership qui sont en train de se jouer entre son pays et son principal concurrent. Donald Trump a fait de cette concurrence un cheval de bataille, celui qui mena à des relations diplomatiques compliquées entre Washington et Pékin… Quant aux relations commerciales, c'était à celui qui porterait l'estocade à l'autre pour l'affaiblir durablement. Donald Trump n'avait jamais caché son intention d'en découdre avec Xi Jinping, de montrer à la Chine que les Etats-Unis n'entendaient se faire détrôner de leur siège de leader de la politique et de l'économie mondiale. C'est ainsi qu'il s'engagea dans un bras de fer d'une haute intensité avec la guerre sur les importations, avec les taxes majorées, les présumées affaires d'espionnage ou encore la mystérieuse origine de la pandémie de la Covid-19 pour

laquelle les deux pays s'étaient rejeté une responsabilité originelle…

L'image renvoyée par Joe Biden diffère de celle de son prédécesseur qui était reconnu pour son tempérament volcanique et qui se souciait peu du protocole ou des règles de bienséance en vigueur dans les arcanes des élites politiques mondiales. Joe Biden est un homme beaucoup plus rompu aux affaires politiques. S'il n'a sans doute pas envie de s'engager dans un duel où une communication « à la Trump » officierait pour tout ce qui serait destiné à la Chine, le changement de ton opéré par Pékin doit davantage être perçu comme une stratégie à étudier plutôt qu'une véritable politique de la main tendue. Donald Trump et Joe Biden ont des caractères différents. Donald Trump souhaitait l'affrontement verbal qui se matérialisait par des décisions fortes et orientées vers le protectionnisme. Le style Biden sera sans doute différent mais il lui faudra rapidement imposer son style et une efficacité. Les ambitions de Pékin demeurent inchangées. La Chine compte dominer l'économie mondiale.

Il sera intéressant de voir comment la nouvelle Administration va s'employer sur les dossiers relatifs aux pays concurrents ou rivaux. Pendant la présidence Trump, si la Russie n'était pas devenue un ami officiel des Etats-Unis, le principal ennemi national était devenu la Chine. Elle s'était mutée en ennemi numéro un de la nation américaine. Les Américains gardent en mémoire l'affaire Huawei, affaire qui contribua à réduire le poids des relations tendues traditionnellement entretenues avec Moscou depuis la Seconde Guerre mondiale malgré l'affaire Russiagate qui anima la vie politique américaine jusqu'en 2019 et qui perturba la présidence de Donald Trump. Pour les Démocrates, la Russie demeurait incontestablement l'ennemi juré des Etats-Unis. Pire, Donald Trump avait été suspecté de collusion avec l'ennemi pour vaincre Hillary Clinton en 2016, bien que l'enquête menée par l'ancien directeur du FBI Robert Mueller n'ait pu aboutir à la conclusion catégorique confirmant l'hypothèse d'une collusion… sans toutefois disculper définitivement le 45ème Président des Etats-Unis. Les Démocrates avaient attaqué Donald Trump sur la Russie et ce dernier répliqua en faisant de la Chine l'incarnation du grand danger qui guette les Etats-Unis. A chacun son style.

Dans la logique des choses, si Joe Biden entend poursuivre une politique étrangère qui s'inscrirait dans la continuité de celle de Barack Obama, Moscou aurait toutes les chances de devenir à nouveau le mauvais élève aux yeux de la Maison Blanche et du Département d'Etat. Cela reste hypothétique car la vraie menace économique pour les Etats-Unis est évidemment chinoise. Le seul pays qui dispose des moyens économiques pour rivaliser voire perturber la domination des Etats-Unis est la Chine, pas la Russie. Cependant, il ne serait pas surprenant que les relations bilatérales Washington-Moscou deviennent à nouveau tendues.

En homme politique d'expérience qu'il est, Joe Biden ne commettra sans doute pas l'erreur de baisser sa garde face à la Chine qui se montre désormais plus amicale à l'égard des Etats-Unis. Si la communication officielle se veut courtoise et tend à vouloir afficher des intentions aussi honorables qu'amicales, il ne faut pas omettre la réalité économique qui oppose les deux pays. Joe Biden sait qu'il devra se montrer ferme à l'égard de Pékin. Si pendant sa mandature il devait être montré que la Chine a ravi le leadership sur l'économie mondiale, les Américains considèreraient leur homme fort comme le principal artisan de ce recul face au rival chinois et se souviendraient alors que Donald Trump avait mis en place tout un arsenal de décisions dont le but était précisément de perturber les intérêts économiques chinois, notamment sur le terrain des exportations, terrain qui contribue tant au modèle économique national. Il faut par conséquent s'attendre à ce que le positionnement diplomatique américain change mais que les véritables enjeux économiques débattus s'inscrivent dans la continuité de ce qui fut mis en place par Donald Trump. En clair, les Etats-Unis et la Chine vont probablement s'engager dans la voie d'une concurrence économique intense tout en donnant l'impression d'entretenir des relations diplomatiques courtoises.

Conclusion

Il est sans doute courageux de vouloir prendre les rênes de la gouvernance politique et économique américaine dans le contexte actuel. Tant en matière de politique intérieure que de politique étrangère, les défis à relever sont grands mais également complexes. Les Etats-Unis sont arrivés à une période critique de leur histoire tandis que leurs fondations démocratiques ont été ébranlées par la fin de règne de Donald Trump. Joe Biden va devoir redonner confiance aux Américains dans leurs institutions. Il devra faire accepter que l'élection du 3 novembre ne fut aucunement polémique puisque jusqu'à preuve du contraire, aucune preuve tangible de fraude électorale n'a été exposée par les cours de justice saisies à cet effet. Il est entendu que la gestion de crise sanitaire de la Covid-19 constitue également un autre grand chantier de la nouvelle gouvernance Biden. La campagne de vaccination promise visera dans un premier temps à rassurer la population, tenter de freiner la propagation de la pandémie et surtout de ralentir le nombre des décès. Quant à l'économie nationale, elle a été fortement affectée et il incombera à la nouvelle Administration, forte d'une majorité dans les deux chambres parlementaires, de trouver les solutions pour enrayer une situation de fait qui a nui à la santé économique de nombreux foyers américains.

Pour ce qui est de la politique étrangère, la tâche sera ardue. Certes, la perspective d'un nouveau rapprochement avec les alliés traditionnels laisse augurer une nouvelle dynamique diplomatique qui se veut ouverte d'esprit. La Maison Blanche entend renouer des liens amicaux avec ceux qui avaient pris leurs distances avec Washington pendant la mandature Trump. Cela semble inévitable dans la mesure où les Etats-Unis s'étaient considérablement isolés sur la scène internationale pendant quatre ans alors que le leadership économique américain n'avait jamais été autant contesté depuis 1945. L'adversaire numéro un se nomme la Chine et bien que le discours officiel de Pékin se soit adouci, il faut comprendre que cette dernière ne compte pas relâcher ses efforts pour s'installer durablement au sommet de l'économie mondiale. La concurrence économique entre les deux géants de l'économie mondiale est vouée à s'inscrire dans la durée. Elle sera âpre. L'un et l'autre s'emploieront à affaiblir le rival même si la tonalité du discours officiel véhiculé par les deux pays se voudra plus courtoise qu'entre 2017 et 2021. Cela ne doit pas occulter la véritable nature de ce duel aux apparences moins belliqueuses que pendant les années Trump. La diplomatie n'efface pas la guerre économique que se livrent les deux poids lourds de l'économie mondiale. Joe Biden l'a assurément compris. Il lui appartient désormais de déterminer la manière avec laquelle il compte livrer son duel avec la Chine tout en préservant les intérêts de son pays. Il reviendra à une diplomatie plus conventionnelle et courtoise tout en se montrant ferme en vue de conserver le leadership économique. Cette perspective est partagée par les autres alliés traditionnels occidentaux qui avaient pourtant opéré un rapprochement stratégique avec Pékin lorsque les discussions avec Donald

Trump étaient difficiles. Pourtant, malgré ces relations complexes, les principales locomotives économiques occidentales avaient fini par prendre à leur tour leurs distances avec la Chine. Aux yeux du 46ème Président des Etats-Unis, la patrie de l'Oncle Sam et l'Europe doivent s'entendre, renouer des relations diplomatiques et économiques stables, durables et sincères. L'union fait la force dans un environnement global multipolaire où tous les coups sont permis.

Bien que l'origine exacte de la Covid-19 demeure nébuleuse, l'OMS est d'avis que de nouvelles pandémies de la sorte risquent dans les prochaines années de faire leur apparition et d'affecter la communauté internationale. Les scientifiques estiment que de nombreux virus n'ont pas encore été détectés au sein des espèces animales mais il ne faut pas non plus oublier qu'un virus peut devenir une redoutable arme dans le domaine des relations internationales. L'atome fut l'arme qui exacerba les tensions entre les Etats-Unis et l'Union soviétique naguère. Il semblerait que la force nucléaire ne soit plus celle qui dictera le ton des relations internationales futures. Il ne faut pas comprendre que le nucléaire ne représente plus une menace, et c'est précisément la raison pour laquelle Joe Biden espère trouver une solution diplomatique avec l'Iran. L'atome demeure définitivement une menace mais il en existe d'autres. Les connaissances scientifiques peuvent être employées pour des motivations obscures et l'hypothèse portant sur la fabrication, en laboratoire, d'un virus destructeur n'a rien de fantaisiste. Les grandes batailles ne se livrent plus sur le terrain en opposant des armées. Nous le voyons depuis plusieurs années, la rivalité sino-américaine s'exprime sur un autre terrain. Les cyberattaques constituent désormais une arme de premier choix. Il existe aussi des armes économiques. Quant aux inventions de laboratoire, elles peuvent à tout moment surgir sans qu'on puisse catégoriquement en définir l'origine.

A défaut de basculer dans une forme de paranoïa, il faut plutôt considérer que les moyens de pression et d'intimidation évoluent au gré des progrès technologiques et scientifiques réalisés. Une cyberattaque peut être beaucoup plus dommageable pour un pays qu'un véritable conflit armé. Tout cela, Joe Biden le sait et c'est ainsi qu'il lui faudra rapidement trouver le bon équilibre pour s'assurer, d'une part, de bénéficier du soutien du peuple américain pour s'engager dans une nouvelle ère de paix sociale. D'autre part, il lui faudra aussi trouver la bonne formule pour parvenir à préserver les intérêts de son pays tout en conservant un ascendant sur son rival chinois. En arrière-fond, subsiste le souci de parvenir à un équilibre diplomatique qui ne laisse pas peser en permanence une menace susceptible de déstabiliser la communauté internationale et de l'exposer à un risque de dégénérescence pouvant dangereusement tanguer jusqu'à un point de non-retour.

Le Président Biden s'attaque à la Chine… et à Donald Trump
Mai 2021

Comment faire d'une pierre deux coups ? C'est sans doute la réflexion qui anime la Maison Blanche. La question pourrait être posée autrement : comment faire d'une éventuelle faiblesse une force ? Covid-19 et Chine sont indissociables puisque l'Empire du Milieu est désigné comme le pays qui a vu naître ce qui allait devenir une pandémie répandue à très grande échelle. Officiellement, fin mai 2021, l'Organisation Mondiale de la Santé comptabilise 3,5 millions de décès liés à cette forme de coronavirus un an et demi après son apparition. Aux Etats-Unis, cette affaire a sans conteste coûté sa réélection à Donald Trump, très affairé à imputer une responsabilité à la Chine tout en minimisant la dangerosité de la pandémie qui ravage pourtant son pays. Sa gestion de crise fut désastreuse et c'est ainsi qu'il fut sanctionné par les votes avec toutes les polémiques post-électorales qui agitèrent le pays jusqu'à l'investiture de Joe Biden. Tout cela ferait désormais partie de l'histoire ancienne, d'un douloureux chapitre socio-politique national qui atteignit son point culminant avec les événements stupéfiants du 6 janvier 2021. Ces derniers se conclurent par la prise d'assaut du Capitole par de fervents partisans de Donald Trump qui ne reconnaissaient pas sa défaite électorale. La transition politique s'est effectuée dans des conditions particulièrement sensibles.

De même, le nouveau Président élu comprit aussitôt qu'une grande pression s'abattrait sur lui dès sa prise de fonction, notamment eu égard aux relations anciennes entretenues par sa famille avec l'Ukraine ou encore la Chine. Agé, ne dégageant pas l'assurance d'un homme fort, svelte et en parfaite santé, Joe Biden a pourtant assuré qu'il entendait être un leader politique qui défendrait les intérêts de son pays avec force et conviction, qu'il n'offrirait aucun cadeau à ses rivaux. Dans une Amérique traumatisée par les événements du 6 janvier qui était déjà pourtant contrariée par la crise sanitaire et les tensions sociales sur fond racial, le Président Biden ne comptait pas s'appuyer sur un état de grâce pour prendre le temps de mûrir sa réflexion une fois investi : il lui fallut immédiatement opter pour un discours rassurant et fédérateur pour combattre les maux internes mais également instiller des messages à l'égard de ses principaux rivaux internationaux pour leur indiquer ce que les Etats-Unis comptaient mettre en place. Il lui fallut en somme trouver le bon équilibre, celui qui lui permettrait de s'imposer comme le leader politique des Etats-Unis aux yeux de la population nationale et celui qui contribuerait à maintenir son pays au premier rang mondial des puissances politiques et économiques.

Un autre enjeu subsiste : comment museler et décrédibiliser Donald Trump ? La question n'est pas anodine dès lors que l'ancien Président conserve une forte cote de popularité et que malgré son exclusion définitive de certains réseaux sociaux, il fait à nouveau entendre sa voix. Visiblement, il a fermement l'intention de revenir sur le devant de la scène pour l'élection présidentielle de 2024 et continue en ce sens de s'attaquer à Joe Biden et ses gestions de crise. Ainsi donc, le nouveau Président ne serait pas un homme fort ? Allez donc demander aux Chinois ! Lui, suspecté d'avoir des sympathies personnelles pour le mastodonte asiatique est en train de taper du poing sur la table et a sommé fin mai 2021 les services de renseignement de son pays de lui fournir un rapport sous quatre-vingt-dix jours sur les origines de la Covid-19, la thèse d'une manipulation laborantine trouvant toujours plus d'écho aux Etats-Unis. Si la Chine a triché ou menti, elle devra en assumer les conséquences. C'est ce que laisse entendre le Président Biden même si la communauté scientifique américaine ne semble pas vraiment défendre la thèse d'un accident de laboratoire contrairement aux services de renseignement. Cette divergence d'opinion est relativement curieuse mais un article de Stephen Collinson a très bien mis en évidence cette dichotomie ainsi que l'autre raison pour laquelle l'homme fort de la Maison Blanche a diligenté cette demande : comprendre si l'Administration Trump savait des choses et les a cachées ou bien s'en est servies en connaissance de cause à des fins de communication politique. [11]

La guerre Biden-Trump est loin d'être achevée. Recourir aux services de renseignement pour une demande officielle à portée internationale, au regard de la sensibilité de l'affaire au cœur des préoccupations, est une idée lumineuse si d'aventure elle est motivée par l'envie de nuire à un autre rival. En somme, Joe Biden souhaite en avoir le cœur net, avoir des certitudes concernant la Chine et les origines de la pandémie dès lors qu'il est désormais admis que des laborantins de la région de Wuhan ont été identifiés comme ayant développé les symptômes de la Covid-19 dès octobre 2019. D'autre part, il souhaite comprendre ce que l'Administration Trump détenait réellement comme informations et comment elle aurait pu les instrumentaliser, y compris en considérant de possible *fake news* pour lesquelles l'ex-Président Trump aurait sans doute des comptes à rendre devant la justice fédérale, affaire qui nuirait assurément à ses ambitions politiques pour 2024. En quelques lignes, voilà donc exposées les raisons pour lesquelles le Président Biden sollicite les services de renseignement nationaux pour défendre les intérêts de son pays : mettre la pression et s'armer. Il met la pression sur la Chine qui, si elle devait être accusée ne serait-ce que de négligence, s'attirerait les foudres de la communauté

---

[11] Stephen Collinson, *"The Covid-19 origin story has massive political consequences"*, edition.cnn.com, 27 mai 2021

internationale. Quant à Donald Trump, ce rapport constitue évidemment une arme de choix pour étayer toute forme de déviance légale à laquelle l'ancien Président aurait pu s'adonner… avec une probabilité élevée de preuve à l'appui.

La première rencontre officielle des Présidents Biden et Poutine
Juin 2021

Genève, Suisse, le 21 juin 2021

Pour la première fois depuis son investiture survenue en janvier 2021, le Président Joe Biden effectua un voyage à l'étranger. Au programme de son périple européen, il commença par son premier G7 au Royaume-Uni, enchaîna ensuite avec le sommet de l'OTAN qui se tint à Bruxelles avant de se rendre sur les bords du Lac Léman pour rencontrer son homologue russe Vladimir Poutine. Il était attendu que les deux hommes prennent le temps de discuter de nombreux sujets, dont certains étant au cœur des relations diplomatiques difficiles qu'entretiennent les deux pays. Le moins que l'on puisse dire, c'est que la montagne a vraisemblablement accouché d'une souris. Si le ton fut courtois, les deux hommes ont finalement campé sur leurs positions respectives bien qu'ils aient chacun laissé entendre initialement leur volonté de travailler sur la base d'un dialogue constructif. Un résultat diplomatique significatif aurait pu être espéré mais le résultat obtenu fut un statu quo. Les Etats-Unis demandent que la Russie change de comportement et se montre moins hostile vis-à-vis de Washington et de ses alliés. Moscou rétorque et somme Washington de s'occuper de ses affaires. Le principe même de la rencontre entre les deux hommes était assurément une bonne idée. Le problème est que cette rencontre bilatérale est survenue à l'issue de deux événements lors desquels le Président Biden fut amené à exposer ce qu'il percevait comme des menaces pour le monde : la Chine et la Russie. En somme, le Président Poutine se rendit en Suisse avec l'étiquette de la menace collée dans son dos. Il fallait dès lors que le dialogue avec son alter ego américain soit immédiatement placé sous le sceau de l'apaisement et de la conciliation. Or ce scénario n'intervint pas. Peut-être qu'il aurait pu être différent si le Président Biden avait manifesté d'autres égards à propos de la Russie lors des sommets du G7 et de l'OTAN… ce qui n'aurait sans doute pas favorisé un rapprochement avec les alliés traditionnels et l'Union européenne (UE) en particulier. C'était peut-être la faute de l'agenda politique…

Plus pragmatiquement, il était bon que les deux hommes se rencontrent et puissent échanger leurs points de vue. La diplomatie est avant tout un dialogue. Cela étant, il n'y avait pas grand-chose à espérer et encore moins un grand changement. Le Président Biden poursuit la diplomatie de Barack Obama, dont il fut le fidèle vice-président. Le rapprochement espéré avec les alliés occidentaux est assurément réussi. Tous convergent donc vers la conception d'un monde où deux menaces semblent plus importantes que les autres : Pékin et Moscou. En d'autres termes, le Président Poutine aurait pu se montrer conciliant, faire fi des commentaires faits lors du G7 et du sommet de l'OTAN, et vouloir rencontrer le Président Biden dans un esprit d'apaisement. Politiquement, c'était prendre le risque de manifester un signe de faiblesse à l'égard des Etats-Unis. Quant au Président Biden, une proposition d'apaisement des tensions n'aurait aucun sens en termes de crédibilité alors qu'il désigne ouvertement la Russie comme une menace auprès de l'alliance occidentale. Le résultat des courses est implacable : il était difficile d'espérer autre chose qu'un statu quo. La rencontre de Genève a eu un mérite : faire que les deux hommes se rencontrent et puissent échanger de vive voix, en face-à-face.

Si nous considérons les problématiques géopolitiques, la Russie et les Etats-Unis ont un intérêt à s'écouter mutuellement sur un acteur qui peut incarner l'image de la menace : la Chine. Il n'est évidemment pas question d'envisager que Washington et Moscou fassent front commun contre Pékin mais l'idée n'est pas incongrue dès lors que les relations diplomatiques sino-russes sont dictées par la mise en avant d'une vision pragmatique de cette collaboration bilatérale tournée vers le commerce et l'achat-vente d'hydrocarbures notamment. Historiquement, la Russie et la Chine ont surtout connu des épisodes conflictuels, notamment au cours du XXème siècle. Le rapprochement opéré entre les deux géants eurasiens a surtout été dicté par une vision commune et réaliste des relations internationales et des impératifs commerciaux à portée stratégique. Lorsque les tensions entre la Russie et le monde occidental s'intensifièrent en raison de la guerre en Ukraine puis de l'annexion de la Crimée, la Russie trouva un moyen de s'affranchir des sanctions économiques occidentales en intensifiant ses relations commerciales avec la Chine qui, pour le coup, cherchait à pérenniser des relations durables avec des partenaires stratégiques en vue de livraisons régulières de gaz et de pétrole. En revanche, Pékin et Moscou ne sont pas considérés comme des alliés diplomatiques. Ils commercent ensemble mais se méfient réciproquement l'un de l'autre. En somme, le contexte géopolitique mondial fait qu'une approche rationnelle de la diplomatie soit orientée vers le dialogue, ce qui est en soi un signe encourageant même si les jalons étaient déjà posés pour la rencontre bilatérale de Genève. Si rien de définitif n'a été acté en ce sens, nous comprenons surtout que les liens Washington-Moscou devraient rester distants mais prudents.

Les relations internationales sont évolutives. Nous avons pu le constater dernièrement avec le rapprochement opéré par les Etats-Unis et l'UE. C'était la tendance attendue, celle qui devait se confirmer. D'ordinaire, les alliances politiques, diplomatiques et économiques sont solides et stables, sans oublier la collaboration au sein de l'OTAN. La gouvernance Trump jeta un froid sur la nature des relations entretenues par les deux côtés de l'Atlantique. En ce sens, le Président Biden a su utiliser les bons mots pour opérer ce rapprochement que les alliés traditionnels des Etats-Unis espéraient et attendaient. Cette première étape est donc validée et actée mais elle entraîne des conséquences : elle confirme le contexte tendu des relations internationales au regard de la Russie et de la Chine qui sont désignées comme des menaces pour l'alliance occidentale, deux Etats qui coopèrent donc sur des opérations à caractère stratégique, notamment l'énergie. Le constat est celui d'une communauté internationale morcelée qui n'est pas sans rappeler la thèse du choc des civilisations de Samuel Huntington. [12] Il s'agit d'un constat : il existe plusieurs pôles d'influence dans le monde. Or ces pôles se retrouvent concernés par certains dossiers qui posent un problème aux uns et dont les autres se servent pour éventuellement pouvoir exercer une pression. C'est le cas du dossier nucléaire iranien. Il est probable que le retour prochain des Etats-Unis dans les discussions multipartites débouche sur un accord global, pour lequel l'aura diplomatique serait grande et aurait également pour conséquence de donner à l'Iran une image de pays respectable aux yeux de Washington, mais que les négociations puissent traîner en longueur en raison de points de désaccord qui pourraient opposer Russes, Chinois et partenaires occidentaux.

Le bon sens ou le réalisme ne doit pas occulter que rien n'est gratuit au sein des relations internationales. Tout se paye. Il n'existe pas de faveur. Tout accord ou concession s'accompagne en réalité d'un avantage quelconque ou d'une forme de dette. En somme, si la Chine et la Russie parviennent à s'accorder avec les autres parties présentes aux discussions sur le cas nucléaire iranien, il est

---

[12] Samuel Huntington, *The Clash of Civilizations and the Remaking of World Order*, Simon & Schuster, 1996, 367 pp.

probable que l'une et l'autre défendront une position beaucoup plus ferme sur d'autres dossiers car le principe d'une puissance et de montrer sa force, qu'elle relève du *hard* ou du *soft power*. En d'autres termes, pour comprendre les relations à venir qui lieront les Etats-Unis à la Russie, il faut comprendre que l'Administration Biden a placé aux fonctions clé de l'Etat fédéral des personnes qui jouissent d'une longue expérience à l'instar d'Antony Blinken, le Secrétaire d'Etat tandis que le Président Biden fut lui-même le vice-président de son pays pendant huit ans. En revanche, du côté russe, le Président Poutine est en place depuis le début des années 2000 et lorsqu'il quitta la présidence, ce fut pour occuper les fonctions de chef du gouvernement. Quant au ministre des Affaires étrangères Sergeï Lavrov, il dirige la diplomatie de son pays depuis 2004. Si les Etats-Unis disposent de moyens supérieurs à ceux de le Russie en termes de *hard* et de *soft power*, la Russie a assurément des arguments à faire valoir pour ne pas se mettre dans une position de devoir accepter sans contrepartie les décisions ou exigences américaines. Lorsque la Russie est sanctionnée économiquement, elle se tourne vers la Chine, elle repense sa diplomatie au Moyen-Orient, elle reconsidère ses relations bilatérales avec la Turquie ou bien elle diffuse des messages au caractère inquiétant aux yeux de l'Europe occidentale et de l'Amérique du Nord pour ce qui est de ses ambitions dans la région arctique.

Ce ne sont là que quelques exemples qui tendent à montrer que face à la fermeté montrée par les Etats-Unis, la Russie ne manque pas d'arguments à faire valoir. Le principe est de faire comprendre que Moscou ne se soumettra à aucune décision sans réaction. C'est sans doute l'esprit qui a prédominé lors de cette rencontre entre chefs d'Etat. Il fallait qu'ils se rencontrent et amorcent un dialogue direct plutôt que de s'adresser des messages par l'entremise des médias. Il en ressort un constat prévisible : chacun a profité de ce moment pour adresser avec fermeté un message à son alter ego. La donne est claire : tant que les Présidents Poutine et Biden seront les chefs exécutifs de leurs pays respectifs, les relations russo-américaines ont de fortes chances de rester sensibles voire tendues. C'est en vérité un savant jeu d'équilibriste qui se perpétue, qui rappelle à certains égards des épisodes passés de la guerre froide à la différence près que l'opposition de naguère confrontait deux blocs et que la vérité des relations internationales contemporaines contient une superpuissance de plus en la personne de la Chine. Il est certain que Moscou va méticuleusement observer l'évolution des relations sino-américaines pour adapter son positionnement par rapport à Washington et / ou Pékin. Tout est question de calcul et à ce jeu d'échecs, la paire Poutine-Lavrov est sans doute la plus expérimentée.

Rapprochement effectif Etats-Unis-Europe en vue
Juin 2021

Le Président Biden affirme souvent qu'il n'entend pas gouverner les Etats-Unis comme put le faire son prédécesseur mais il partage néanmoins un point commun avec ce dernier : tous deux ont attendu plusieurs mois avant d'effectuer leur premier voyage officiel. Pour Donald Trump, son premier déplacement à l'étranger avait marqué les esprit car sa destination fut l'Arabie saoudite où il scella une forte amitié avec le Prince héritier à qui il parvint à vendre pour plusieurs centaines de milliards de dollars de contrats dans l'armement notamment. Dans la foulée, il s'était déplacé en Israël pour affirmer les bonnes relations diplomatiques qu'il entendait mettre en place avec Jérusalem et qui furent au demeurant excellentes pendant ses quatre années d'exercice du pouvoir. On se souvient moins qu'il partit ensuite pour la Belgique en vue d'un sommet de l'OTAN et qu'il ponctua son premier séjour hors de ses frontières nationales avec le sommet du G7 qui se tint à Taormina, en Sicile, où le monde occidental comprit que ses relations politiques et commerciales avec Washington risquaient d'être rendues complexes pour un minimum de quatre ans. Tout le monde se souvient que Donald Trump accorda sa priorité à l'Arabie saoudite et à Israël avant de voguer vers l'Europe. Le premier déplacement officiel d'un chef d'Etat étasunien constitue toujours un événement à forte valeur symbolique.

Quant au Président Biden, il ne déroge pas à la règle. C'est après près de cinq mois de gouvernance qu'il sort des Etats-Unis pour se rendre en Europe et plus précisément en Cornouaille en vue de participer au prochain G7. Il faut ainsi comprendre qu'il compte associer la parole aux actes : il l'avait promis lors de sa campagne électorale, son souhait en matière de diplomatie était de se rapprocher au plus vite des alliés traditionnels des Etats-Unis qui sortaient toutefois d'une mauvaise expérience avec l'imprévisible et truculent Donald Trump qui avait toujours affirmé sa volonté de faire prévaloir coûte que coûte les intérêts américains, quitte à ce que cela se fasse au détriment des partenaires traditionnels. Deux décisions marquèrent les esprits : le retrait des Etats-Unis de l'Accord sur le climat de Paris de 2015 (que le Président Biden s'empressa aussitôt de réintégrer) et le désengagement de Washington dans le dossier nucléaire iranien afin de montrer une ligne diplomatique beaucoup plus intransigeante à l'égard de Téhéran. Joe Biden a voulu défaire ce qui avait été mis en place par son prédécesseur. Il l'avait annoncé pendant sa campagne électorale. Il s'est rapidement mis en quête d'opérer le changement de cap diplomatique une fois élu et surtout investi dans ses fonctions présidentielles. La cible était évidemment de renouer des liens amicaux et courtois avec le Vieux continent, passablement échaudé par l'expérience Trump mais également l'affaire Brexit qui fragilisa l'équilibre politique et économique de l'Union européenne (UE).

Cette affaire de Brexit fut largement appuyée par Donald Trump qui ne manqua pas d'humilier publiquement Theresa May en déclarant en Angleterre, aux côtés de la principale intéressée, que le Royaume-Uni devait être piloté par un leader qui n'aurait aucune hésitation à s'engager dans la voie d'un *hard* Brexit [13]... Pour rappel, Theresa May avait annoncé sa démission de ses responsabilités de Premier ministre quelques jours plus tôt, mais le message de Donald Trump orientait les regards vers Boris Johnson qui fut nommé à la tête du gouvernement britannique quelques semaines plus tard. Tout cela fait désormais partie de l'histoire ancienne. Vraiment ? Peut-être pas tant que cela puisse paraître. Boris Johnson était connu pour sa grande

---

[13] Traduction de l'auteur : un Brexit dur

proximité avec Donald Trump mais la défaite du Président républicain en novembre 2020 changea la donne tandis que l'ancien maire de Londres commençait à voir croître les mécontentements populaires dans son pays en raison des mauvaises incidences du Brexit sur la vie de ses concitoyens. Certains regrettent effectivement et amèrement leur vote exprimé pourtant en faveur d'un retrait britannique de l'UE. Pour Boris Johnson, il n'est désormais pas simple d'entretenir des relations diplomatiques et commerciales avec l'UE sans se heurter à de fâcheuses conséquences, sans compter la crise sanitaire qui n'est toujours pas révolue et qui continue de contrarier sérieusement les déplacements de personnes. C'est dans ce contexte global que le Président Biden effectue sa première visite officielle à l'étranger. Il aurait pu voyager avant mais il a sans doute privilégié, à raison par ailleurs, de se préoccuper en priorité des maux sanitaires, politiques et sociaux qui continuent de malmener l'équilibre social dans la patrie de l'Oncle Sam. Ce premier déplacement en Europe n'est pas anodin. Il intervient pour une réunion du G7 mais il constitue surtout une opportunité de réitérer sa ferme volonté de vouloir renouer des relations amicales avec ses partenaires traditionnels et de leur indiquer de faire valoir une force et une cohésion occidentales afin de s'ériger contre la puissance étrangère clairement désignée comme un ennemi commun par Washington : sans surprise, il s'agit évidemment de la Chine. Joe Biden ne s'est pas uniquement déplacé en vue de raviver une diplomatie avec l'Europe qui s'était tendue et était devenue moribonde. Il espère clairement impulser une nouvelle dynamique qui soit collective et durable.

La Chine inquiète. La Chine fait peur. Pour le Président Biden, il est important de replacer les Etats-Unis au cœur d'une alliance qui avait chancelé lors de l'ère Trump. Il faut impérativement retourner à une vision de l'union faisant la force. Les Etats-Unis, seuls, sont vulnérables face aux ambitions chinoises. En revanche, si les Etats-Unis sont accompagnés par toute une batterie de partenaires alliés, un tel front serait probablement plus efficace pour tenter de contrarier les ambitions de Pékin. C'est pour cela que le Président Biden souhaite sortir de l'isolationnisme pour revenir à un dialogue constructif avec l'Europe et les autres puissances alliées échaudées par l'expérience Trump. A l'issue du G7, il est déjà programmé une visite de la Chancelière allemande Angela Merkel à Washington en juillet 2021, quelques semaines avant les élections législatives allemandes. Il est probable qu'elle effectue une telle visite à des fins stratégiques. L'idée repose sur la volonté de rétablir des relations bilatérales au beau fixe avant de se retirer de ses fonctions de cheffe du gouvernement. Il est important aux yeux de la Maison Blanche et du Département d'Etat de renouer un dialogue constructif avec les alliés traditionnels, de rétablir des relations de confiance, sentiment qui avait été sévèrement affecté lors de la gouvernance Trump. Quant à Angela Merkel, l'idée est sans doute d'opérer un dialogue qui sera amené à être poursuivi par son successeur. Il ne faut effectivement pas occulter que les deux principales locomotives politiques et économiques européennes vont prochainement connaître des échéances électorales qui peuvent apporter d'importants changements en matière de gouvernance nationale et internationale. Le parti politique d'Angela Merkel n'a pas l'assurance de remporter les prochaines élections législatives allemandes. Quant au Président français Emmanuel Macron, il n'est pas certain d'être réélu en 2022 ni d'être suivi par une majorité parlementaire, si tant est qu'il soit candidat à sa réélection (l'hypothèse la plus probable est qu'il brigue un deuxième mandat présidentiel).

Il est par conséquent important que les Etats-Unis et l'UE trouvent un dialogue qui soit amené à être pérenne, quelles que soient les circonstances électorales en Allemagne ou en France. Il est souvent dit que gouverner c'est prévoir. En d'autres termes, dès lors qu'on répond à un mandat électoral, seul l'intérêt général compte. Par conséquent, il est important que la Chancelière Merkel et le Président Macron établissent de bonnes relations avec le Président Biden et qu'ils l'assurent du maintien des bonnes relations entretenues avec leurs pays respectifs, même en cas de changement d'élites dirigeantes.

La crise Covid va laisser des traces. Le doute est d'autant plus permis que face aux hésitations de la communauté scientifique, l'hypothèse d'une manipulation de laboratoire n'est non seulement pas écartée mais aux yeux de certains scientifiques, elle est considérée comme l'hypothèse la plus probable. Cela pose évidemment un problème s'il s'agissait d'un programme décidé par la Chine. Le jour où un éclairage catégorique relatif au mystère de l'origine exacte de la crise Covid sera publié, une crise diplomatique risque de survenir dans pareil cas. Cependant, il sera difficile d'obtenir une autre réponse portant cette fois sur l'intention délibérée de créer un virus en laboratoire en vue de le diffuser dans le monde. S'il devait être déterminé que l'origine de la Covid-19 est laborantine, tout porte à croire que les Etats Unis feraient leur possible pour exercer une pression continue sur la Chine (diplomatique et économique) avec probablement le concours des alliés européens. C'est ce qui a en partie motivé le Président Biden à demander à ses services de renseignement de produire un rapport sous quatre-vingt-dix jours en vue de déterminer l'origine exacte de cette forme de coronavirus à laquelle on attribue désormais plus de trois millions et demi de décès dans le monde.

D'autre part, il veut montrer à ses adversaires républicains qu'il entend maintenir une pression permanente sur la Chine et qu'il défend farouchement l'idée que l'Amérique conservera son leadership politique et économique sous sa présidence. Diligenter un rapport par les services de renseignement semble démontrer son envie d'obtenir de précieuses informations sur ce que savait réellement l'Administration Trump et de déterminer s'il y a lieu d'engager des poursuites judiciaires pour de la rétention d'informations qui auraient dû être communiquées. Le Président Biden joue sur tous les fronts dans ses relations avec la Chine : il veut montrer à Xi Jinping qu'il est homme d'Etat qui défendra avant tout les intérêts de son pays. Quant à la scène intérieure, il envoie un message à Donald Trump ainsi qu'au parti républicain. En cela, il sait que ses partenaires européens gardent un mauvais souvenir de leur expérience passée avec Donald Trump. Bien que ces derniers ne s'aventurent pas dans les problématiques américaines de politique interne, ils partagent davantage la vision diplomatique de Joe Biden. De même, il est très probable qu'il parvienne avec la France et l'Allemagne à trouver un dialogue commun pour relancer les discussions sur la crise du nucléaire iranien.

Dès lors qu'il est question du dossier iranien, il convient de rappeler qu'il existe d'autres parties aux discussions : le Royaume-Uni, la Chine et la Russie. Le processus fut lancé lorsque Barack Obama était encore le président des Etats-Unis. La Chine et la Russie furent d'accord pour trouver une solution collégiale et ainsi ouvrir un dialogue multipartite qui vola en éclat lorsque Donald Trump fut élu, désireux d'affirmer la toute-puissance diplomatique des Etats-Unis et de ne faire aucune concession à l'Iran. Sa vision diplomatique au Moyen-Orient avait été d'emblée très claire : discuter avec l'Arabie saoudite et Israël, deux pays hostiles à l'Iran. Il était alors entendu qu'il ne ferait aucun effort pour poursuivre les discussions, préférant forcer une décision : faire échouer ce qui avait été entrepris. Il lui était insupportable d'envisager la diplomatie avec Téhéran. Il voulait afficher sa détermination à mettre ce pays au pas. De même, cette vision très affirmée avait pour but d'envoyer un message aux autres parties participantes : il avait réussi dans les affaires en imposant ses choix et ses idées. Il comptait opérer de la même manière en politique. C'est ainsi qu'il obtint de compromettre tout ce qui fut mis en œuvre pour tenter de parvenir à une dénucléarisation de l'Iran. Les vrais perdants de cette diplomatie furent les trois Etats européens.

En effet, pour ce qui est de la Russie et de la Chine, ces deux pays traitent avec l'Iran en dépit des sanctions économiques… La Chine n'a d'ailleurs pas hésité pendant la gouvernance Trump aux Etats-Unis à sceller des accords géants pour l'achat d'hydrocarbures et la vente de produits manufacturés. Quant à la Russie, elle a affiné ses relations avec l'Iran en vue d'une future coopération militaire… Cette situation au demeurant inconfortable voire humiliante pour Londres, Berlin et Paris était d'autant plus difficile à supporter que les Etats-Unis maintinssent une pression permanente sur tout acteur économique allié des Etats-Unis qui s'aventurerait à commercer avec l'Iran. Il n'est d'ailleurs pas surprenant que les trois Etats européens aient tenté de relancer les discussions avec l'Iran en raison des relations diplomatiques qui devenaient difficiles avec l'Administration Trump.

Le Président Biden a tout intérêt à se montrer proche des convictions de ses partenaires européens sur le dossier iranien. Il s'agit d'une affaire qui a causé une cicatrice du côté européen et qui peine encore à être définitivement oubliée. De ce point de vue, Américains et Européens devraient facilement trouver un terrain d'entente sur la manière de mener les discussions avec l'Iran. Il ne serait d'ailleurs pas surprenant que la Chine et la Russie se montrent favorables à ce qu'une proposition commune soit faite à Téhéran. En effet, dans un contexte diplomatique sensible, notamment pour ce qui est des relations Etats-Unis-Chine, un accord multipartite aurait l'avantage de calmer quelque peu toutes les tensions existantes telles que les relations Russie-Ukraine qui continuent parfois de faire l'actualité ou bien la crise sanitaire de la Covid-19 pour laquelle la Chine est souvent montrée du doigt par le monde occidental comme la responsable de ce mal qui frappe la planète depuis un an et demi. Une telle issue doit se produire si tous les acteurs se veulent pragmatiques et réalistes. Nous accordons beaucoup de crédit à cette hypothèse.

Le Président Biden dispose d'un autre dossier à faire valoir auprès de ses amis européens pour favoriser un rapprochement : la Russie. Jusque-là, il n'y a rien de surprenant puisque le 46ème Président des Etats-Unis défend une vision diplomatique qui fut celle de Barack Obama dont il fut le loyal second bien que depuis lors, la montée en puissance politique et économique de la Chine en a fait le rival numéro un de la Maison Blanche et des administrations américaines. Le dossier russe est d'autant plus séduisant qu'il est plus « facile » de s'attaquer à Moscou, de se montrer « inflexible et intraitable » avec le Kremlin plutôt que d'opter pour la même stratégie offensive avec la Chine. Lorsqu'il est question de soulever l'hypothèse d'une intervention militaire en cas de nouveau conflit entre la Russie et l'Ukraine, la communication est manifestement différente dès lors qu'il s'agit de la Chine… même si des manœuvres militaires, par exemple celles opérées en mer de Chine, ont pour but de montrer que les Etats-Unis sont prêts à envisager toute sorte d'option, y compris le recours à la force armée, en cas d'escalade des tensions avec Pékin qui n'hésite pas de son côté à opérer des manœuvres similaires.

Pour la Russie, le cas est différent. Elle incarne le rival idéal. Le problème est que la guerre froide est terminée depuis trois décennies… mais qu'il existe toujours une méfiance réciproque entre Moscou et le monde occidental, notamment avec des pays d'Europe occidentale qui ont continué d'entretenir des relations tumultueuses avec la capitale russe. Nous pensons en premier lieu à la rivalité qui perdure toujours avec le Royaume-Uni. Dernièrement, l'affaire Navalny fut le dernier épisode en date d'un regain de tensions diplomatiques avec le Kremlin. Pourtant, en dépit des « menaces » réciproques qui caractérisent les relations Russie-Occident et les plans militaires de la Russie (comme les efforts mis en œuvre pour l'armement ou la militarisation de certaines régions de l'Arctique) qui inquiètent le monde occidental, le budget de la défense russe n'est pas comparable à celui cumulé des Etats-Unis et de ses alliés européens : il est bien inférieur tandis que celui de la Chine n'a cessé de croître ces dernières années au point d'être désormais trois à quatre plus conséquent que celui de la Russie.

L'agenda politique était chargé pour les participants du G7 puisqu'il leur fallut quitter la Cornouaille anglaise et rejoindre Bruxelles pour le sommet de l'OTAN. Ce sommet arrivait à point nommé puisqu'il permit d'éclaircir des points épineux au sein de l'alliance. Les priorités affichées par les chefs d'Etat et de gouvernement présents différaient pour certains sans pour autant être en contradiction. La seule exception fut la Turquie, pays qui entretient des relations diplomatiques tendues depuis de nombreuses années avec l'alliance, notamment à l'égard de l'UE, de son positionnement par rapport aux problématiques du Moyen-Orient ou encore les relations qu'Ankara entretient bon an mal an avec la Russie.

Le premier enseignement de ce sommet fut l'ambiance de travail. Il s'agit en effet du premier sommet auquel participait le Président Biden. Les premiers commentaires faisaient état d'une ambiance plus détendue que celles auxquelles les participants présents furent habitués lors des quatre années pendant lesquelles le représentant américain n'était autre que Donald Trump. Toutefois, il était important pour le Président Biden d'exposer ce qu'il entend mettre en place avec ses alliés, sa vision et ses craintes. Sans surprise, il dénonce les menaces représentées par la Chine et la Russie. L'autre message portait sur « *America is back* ». [14] Il fallait effectivement veiller à faire en sorte que l'OTAN retrouve sa vigueur, celle perdue qui poussa le Président Macron à se livrer à un commentaire sans appel lorsqu'il déclara que l'alliance atlantique était alors en état de mort cérébrale. Cette rhétorique montrait les difficultés qui se faisaient toujours plus grandes au sein de l'OTAN lorsque Donald Trump y voyait davantage d'inconvénients que d'avantages. Joe Biden s'est résolument tourné vers l'option de réactiver l'alliance et de travailler de concert avec les vingt-neuf autres Etats membres. Il fallait rassurer et convaincre. De ce point de vue, il a sans doute réussi son opération séduction.

Le Président Macron a toutefois affiché un autre objectif : il porte sur le désarmement. Cela étant, il n'est pas incompatible avec la vision américaine puisque par désarmement, il faut comprendre les pays qui seraient visés par le Président français au rang desquels figurent évidemment les Etats désireux de se doter d'une arme nucléaire. Cela implique également la Chine et la Russie. D'une part, la Russie inquiète le reste de l'Europe et les autres Etat riverains de l'Arctique qui voient d'un mauvais œil l'implantation de nouvelles bases militaires et de

---

[14] Traduction de l'auteur : l'Amérique est de retour

présence humaine dans des régions insulaires où la rigueur climatique est pourtant extrême. La Russie envoie un message et ne fait que confirmer ses envies portant sur le rôle qu'elle entend camper sur la nouvelle géopolitique de l'Arctique. La Russie a également fait savoir qu'elle disposait également d'armes redoutables de haute technologie. Quant à la Chine, la problématique est différente : son budget défense annuel ne cesse d'augmenter mais les relations diplomatiques entretenues avec le monde occidental sont devenues plus compliquées, en particulier avec les Etats-Unis et le Royaume-Uni qui s'adonne aussi à des manœuvres militaires en mer de Chine. L'ambiance y est tendue. Chine, Etats-Unis et Royaume-Uni se testent, s'évaluent, montrent leurs muscles militaires en vue d'intimider ou de dissuader l'adversaire.

L'objectif du sommet de Bruxelles était de confirmer ce renouveau diplomatique souhaité et annoncé par Joe Biden lors du G7 mais également de s'assurer que les Etats membres de l'OTAN étaient disposés à s'entendre pour défendre des intérêts commun. A cet égard, il semblerait que le Président Biden soit parvenu à rassurer ses alliés et à les convaincre que l'ère Trump était définitivement révolue. Il importait désormais de repartir sur de nouvelles bases diplomatiques solides. Quant au message plus ciblé, il est évidemment sans ambages : il n'a pas manqué de désigner la Chine et la Russie comme incarnant de réelles menaces pour l'ensemble du monde. Cela confirme surtout que la géopolitique mondiale est une nouvelle fois en train de connaître un tournant majeur. Le monde occidental semble en effet parti pour faire montre d'une indéfectible alliance destinée à faire front commun contre la Russie et surtout la Chine. En somme, le scénario, tel qu'il est en train de s'esquisser, était prévisible mais il était soumis à la condition sine qua non que le Président Biden parvienne à se montrer persuasif et fédérateur pour amorcer cette nouvelle dynamique d'alliance qui porte autant sur le *hard power* que le *soft power*. Enfin, cela montre également qu'il existe plusieurs pôles d'influence dans le monde. Pour l'exprimer autrement, nous avons la confirmation d'un monde multipolaire dans les relations internationales, une tendance qui semble partie pour s'inscrire dans la durée. Le Président Biden vient de placer les jalons du nouveau positionnement occidental dans les relations internationales. C'était dans l'air du temps. Cela a été confirmé en Cornouailles puis à Bruxelles.

L'épineux dossier nucléaire nord-coréen
Mai 2021

Depuis plusieurs décennies, la Corée du Nord a entrepris de se lancer dans un programme nucléaire militaire. Il s'agit d'un moyen pour ce pays isolé sur la scène internationale de maintenir une menace permanente pour l'ensemble de la communauté internationale mais aussi d'asseoir la toute-puissance de la dynastie Kim. A ce jour, le régime de Pyongyang joue avec les nerfs de la communauté internationale et cela inclut jusqu'à la Chine, l'allié traditionnel et indéfectible, qui s'agace parfois des agissements et provocations de son voisin. La Corée du Nord fait partie d'un grand jeu qui s'inscrit pleinement dans la rivalité politique et économique que se livrent les Etats-Unis et la Chine. Il semblerait que le petit Etat communiste sache tirer profit de cette situation géopolitique pour poursuivre sa politique militaire en dépit des sanctions diplomatiques et économiques. De nombreux acteurs étatiques manifestent leur peur. La Corée du Sud ou le Japon sont géographiquement en première ligne et se soucient des essais balistiques et nucléaires de ce voisin qui continue de provoquer.

Quant aux Etats-Unis, pays désigné comme le grand ennemi du régime adepte de la philosophie du *Juche* [15], il semblerait qu'un aveu d'impuissance soit manifesté.

---

[15] Note de l'auteur : le *Juche* est une doctrine promue par Kim Il-Sung et pourrait être traduite par « autosuffisance ». Elle reprend la pensée communiste dans ses grandes lignes mais avec quelques caractéristiques propres qui la démarquent des thèses marxistes et léninistes. Il expliqua ainsi avoir compris de nouveaux principes révolutionnaires et défendre une nouvelle vision de la souveraineté. Dans sa vision, une réunification avec la Corée du Sud devait être opérée. Ce mot fut énoncé pour la première fois par Kim Il-Sung dans un discours prononcé en 1955 lors d'un congrès politique. Cette doctrine lui a surtout permis d'asseoir un pouvoir absolu en Corée du Nord.

Donald Trump a essayé d'engager des discussions avec Kim Jong-Un alors que les débuts du 45ème Président américain de l'histoire laissaient présager des relations conflictuelles, notamment au travers d'une communication officielle qui se voulait intransigeante et sans concession : la Corée du Nord allait, de gré ou de force, se plier aux exigences de la Maison Blanche et être contrainte de se dénucléariser. Ce fut peine perdue. De manière inattendue, un dialogue fut ouvert entre Donald Trump et Kim Jong-Un, deux rencontres furent même organisées pour appréhender le scénario d'une dénucléarisation de la Corée du Nord. Donald Trump ne cacha jamais sa confiance de voir le régime de Pyongyang accepter les conditions proposées… ce qui s'avéra être un véritable échec et camouflet pour la diplomatie américaine. Pour le coup, les conseillers de Donald Trump avaient alors fortement déconseillé d'engager la discussion avec Kim Jong-Un, craignant, à juste titre, que ce dernier puisse se jouer du Président américain d'alors.

Plusieurs hypothèses peuvent être envisagées pour parvenir à l'obtention d'une relative tranquillité vis-à-vis de la Corée du Nord. Jusqu'à présent, tous les scénarii imaginés n'ont jamais abouti à un résultat concret si ce n'est d'accentuer la pression au travers de sanctions diplomatiques et économiques. L'essentiel des revenus nord-coréens est consacré au budget de sa défense nationale. En Occident, la perception de ce pays est celle d'un Etat où une partie de la population vit dans des conditions de grande précarité. Toutefois, son arsenal militaire fait peur. La Corée du Nord parvient malgré tout à contourner certaines sanctions et à s'assurer des revenus. D'autre part, la Chine aide son voisin en lui fournissant l'essentiel de ses besoins en énergie ainsi que d'autres aides (alimentaires et médicales notamment) qui lui permettent de maintenir la famille Kim au pouvoir. En effet, entre les

Etats-Unis et la Chine, la grande problématique repose sur le maintien de la famille Kim au pouvoir. Malgré les actions nord-coréennes qui sont parfois désapprouvées par la Chine, il n'est nullement question de risquer un changement au sein des élites dirigeantes et de voir des troupes américaines être en mesure de se rapprocher des frontières chinoises. La Corée du Nord fait office d'état-tampon dans une région où les Etats-Unis disposent d'alliés stratégiques, la Corée du Sud et le Japon en l'occurrence. Ces deux pays craignent en permanence un dérapage de Pyongyang. L'hypothèse du déclenchement d'une guerre accidentelle n'est pas à exclure. Il est effectivement envisageable qu'une manœuvre militaire nord-coréenne puisse accidentellement impacter la Corée du Sud ou le Japon et que cela entraîne une riposte immédiate. Des tirs balistiques ont déjà été effectués depuis le territoire nord-coréen et traversèrent sans autorisation les espaces aériens sud-coréen et japonais. Pour l'exprimer clairement, la Corée du Nord joue avec le feu.

Toutefois, cette stratégie n'est pas anodine dès lors que les deux pays cités sont des alliés des Etats-Unis et que l'histoire du XXème siècle de cette partie de l'Extrême-Orient regorge de raisons qui poussent la Corée du Nord à considérer la Corée du Sud et le Japon comme des ennemis de la nation. Le climat régional est par conséquent très sensible et les susceptibilités sont grandes. Il est actuellement peu probable que la Corée du Nord opère un changement de cap. Tout porte à croire qu'elle va poursuivre sa politique de provocation à l'égard de la communauté internationale car c'est ce qui permet à ses dirigeants de s'assurer la pérennité du pouvoir. Il existe pourtant une frange de la population nationale qui a sans doute envie d'un changement, les conditions de vie y étant très rudes, mais une autre partie apporte un soutien indéfectible et inconditionnel à ses élites. Dans un pays où tout est strictement contrôlé par l'Etat, les Nord-Coréens doivent assurément considérer les risques qu'ils prennent à titre individuel ainsi que pour leur famille s'ils devaient s'ériger contre le système. Les conséquences leur seraient terribles. Pourtant, l'arsenal militaire du pays doit être considéré et les efforts internationaux visant à tenter de « solutionner » le dossier nord-coréen doivent être poursuivis. C'est l'objet de notre réflexion.

Un confetti isolé et belliciste en Extrême-Orient

La survie du régime nord-coréen passe par son programme militaire. Il a une double fonction : assurer la mainmise de la famille Kim sur le pays et convaincre la population nationale de sa toute-puissance militaire visant à exacerber un nationalisme qui, accompagné d'un endoctrinement permanent et d'un autoritarisme que certains analystes qualifient de totalitarisme, parvienne à surmonter les crises sociales et alimentaires que Pyongyang affronte tandis que le régime ne paraît pas s'exposer à une déstabilisation socio-politique. Dans un système où presque tout semble contrôlé, toute forme de dissidence doit être au préalable mûrie avant tout passage à l'acte en raison des conséquences nombreuses que tout individu ou famille peut subir a posteriori. Chercher à quitter le pays est un acte grave. Ceux qui franchissent clandestinement la frontière le font au péril de leur vie. S'ils échouent, ils savent qu'ils seront condamnés aux travaux forcés voire à une exécution tandis que leur famille subira également les foudres du régime. Les réfugiés politiques nord-coréens sont rares et leurs témoignages le sont tout autant. Ils ne s'expriment jamais à visage découvert dans les médias de peur des représailles que peuvent subir les membres de leur famille restés au pays. Un tel système politique ne peut être perpétué qu'avec l'imposition d'un régime de la terreur. La dynastie Kim l'a bien compris et ce dès l'accession au pouvoir de Kim Il-Sung en 1948.

La grande idée fut d'exploiter l'immense popularité de Kim Il-Sung au sein de la population nationale pour établir un culte de la personnalité et lui conférer une existence quasi-divine. En effet, le culte de la personnalité fut poursuivi pour son successeur puis son petit-fils Kim Jong-Un. La dynastie Kim a été « déifiée » au point que de nombreuses incohérences historiques jonchent la communication de propagande. Ainsi, il a été officiellement admis que Kim Jong-Il (le fils de Kim Il-Sung et père de Kim Jong-Un) avait joué un rôle important dans la lutte contre les Japonais pendant la Seconde Guerre mondiale alors qu'il est né au début des années 1940. Toute cette mythologie contribue à endoctriner la population qui n'a évidemment pas accès aux moyens de communication suffisants pour comprendre tout ce qui se passe hors des frontières du pays. Depuis plusieurs décennies, les Etats-Unis sont perçus comme un ennemi de la nation (au même titre que le Japon pour d'autres raisons). Il appartient aux dirigeants du pays de convaincre la population de cette « vérité nationale » et de montrer que la Corée du Nord est en mesure de pouvoir combattre toute agression américaine grâce à la qualité de son armée et de ses équipements. C'est ce qui explique par ailleurs les nombreux défilés et parades militaires organisés à Pyongyang : montrer la force militaire pour susciter l'intimidation et rappeler à tout individu que l'Etat le surpassera toujours.

Le régime nord-coréen est totalitaire dans la mesure où tout est sous contrôle tandis que l'individu est effacé au profit de la collectivité. L'indifférenciation individuelle est effectivement un des apanages des régimes totalitaires. D'autre part, pour asseoir la pérennité du pouvoir en place, le régime a désigné des ennemis de la nation afin de mobiliser la population, de la tenir dans un état d'alerte permanent tout en veillant à travailler l'exacerbation du nationalisme avec une propagande récurrente portant sur la nécessité nationale de se préparer à la guerre. A cela, il convient d'ajouter le soutien politique et logistique de la Chine qui permet à la dynastie Kim de régner en maîtres absolus sur la Corée du Nord depuis plus de sept décennies. La force du régime de Pyongyang est d'être parvenu à développer un programme d'armement performant et en mesure d'inspirer la peur. La fantaisie (ou l'excentricité) de certaines décisions ou communications laisse l'impression que Pyongyang peut à tout moment commettre l'irréparable.

Pourtant, il ne serait sans doute pas dans l'intérêt nord-coréen de déclencher une guerre avec la Corée du Sud voisine ou le Japon sous peine de s'exposer à une riposte de grande ampleur, d'autant plus qu'une telle forme d'agression impliquerait assurément une intervention militaire américaine, scénario qui ne ravirait évidemment pas la Chine. Si le risque d'une guerre est relativement faible, bien que des spécialistes des problématiques coréennes considèrent l'imprévisibilité voire l'irrationnalité des tenants du pouvoir nord-coréen, la provocation de trop peut à tout moment déclencher un embrasement régional. La communication belliciste fait partie intégrante des ingrédients nécessaires à la famille Kim pour contrôler la population, la mobiliser et l'intimider. Un tel discours a une double portée : d'abord externe puisqu'il s'adresse « aux ennemis de la nation » ; interne dans la mesure où il doit « rassurer » la population tout en lui faisant passer le message d'une force inébranlable des élites dirigeantes. C'est l'expression la plus manifeste du *hard power*, seul véritable atout à la disposition de la famille Kim mais qui s'avère suffisant pour ne pas être exposée à des risques élevés de troubles internes.

Malgré son isolement sur la scène internationale et les sanctions diplomatiques et économiques, la Corée du Nord parvient bon an mal an à perpétuer une « tradition politique nationale » amorcée à la fin des années 1940 et qui apparaît comme une incongruité dans le monde occidental… mais qui est si précieuse pour la Chine, qui plus est dans la considération de la rivalité croissante qui l'oppose plus que jamais aux Etats-Unis. A l'issue des hostilités de la guerre de Corée qui n'est techniquement toujours pas terminée, les Etats-Unis ont jusqu'à présent toujours échoué à faire entendre à la Corée du Nord de ne pas s'employer à développer un programme nucléaire à des fins militaires. A Pyongyang, l'arme nucléaire a toujours été perçue comme le moyen de s'affranchir des volontés américaines.

Une hantise permanente pour les alliés américains de la région

Le leader nord-coréen donne l'impression de vouloir jouer avec le monde occidental. Dans sa stratégie de communication, il y a presque une dimension enfantine. En effet, la propagande d'Etat aime montrer les défilés militaires et les expositions d'armes de haute technologie pour impressionner le peuple nord-coréen d'une part mais également en vue d'adresser un message à portée internationale. Dans la région, les deux principaux alliés américains sont le Japon et la Corée du Sud. C'est peu dire que d'affirmer que Tokyo et Séoul appréhendent toujours un « accident ». En l'occurrence, les provocations de Pyongyang peuvent effectivement et accidentellement aboutir à un drame si un tir balistique venait à frapper les territoires japonais ou sud-coréen. Il existe des violations de l'espace aérien de ces deux pays et en cas d'incident majeur, nous ne sommes pas convaincus que la diplomatie parviendrait à résoudre un différend de la sorte. Le climat est toujours très sensible.

Pour ce qui est de la Corée du Sud, la guerre amorcée dans les années 1950 n'est techniquement pas terminée. C'est le plus ancien conflit encore vivace au monde. Quant au Japon, la rancœur nord-coréenne est liée à l'histoire du XXème siècle lorsque les troupes du pays du Soleil Levant envahirent la péninsule coréenne et maltraitèrent les autochtones. Enfin, le fait que ces deux Etats soient proches du monde occidental n'est pas sans rappeler le contexte de guerre qui scinda à jamais la Corée en deux entités étatiques, l'une soutenue par les Etats-Unis et l'autre par les Etats communistes environnants. Depuis lors, le régime nord-coréen s'appuie sur une communication de propagande visant à montrer les bienfaits du communisme tout en désignant nommément les ennemis de la nation pour lesquels le peuple doit toujours se préparer à combattre. C'est ainsi que la Corée du Nord s'est dotée d'une armée démesurément grande par rapport à sa population nationale. C'est également dans cette idée que le régime consacre une grande partie de ses ressources à la recherche, au développement ainsi qu'à l'acquisition d'armes.

En Occident, il est difficile de cerner la personnalité de Kim Jong-Un. Pourtant, il a été personnellement familiarisé à la vie occidentale. Pendant sa jeunesse, il fut amené à étudier dans une école suisse sous une fausse identité. Cette expérience de vie lui permit d'apprendre des langues étrangères et de se familiariser avec l'univers occidental. C'est en Suisse qu'il développa une passion sans limite pour le basket-ball et notamment le championnat nord-américain de NBA. Lorsqu'il fut désigné par son père comme le futur numéro un du régime, il n'avait pas encore trente ans et il lui fallait assurément s'assurer de la fidélité et de la loyauté de l'armée. C'est ainsi qu'il imposa rapidement son style en déployant une politique impitoyable et en adoptant une allure semblable à celle de Kim Il-Sung, la figure tutélaire de la nation avec une coupe de cheveux rappelant celle de son défunt grand-père et qu'il est le seul à pouvoir porter en Corée du Nord, en employant la même mimétique ou gestuelle et rappelant à l'envi la dimension quasi-déifiée de son grand-père. Il fut ainsi annoncé que Kim Jong-Un avait personnellement ordonné l'exécution de son oncle qui était pourtant le numéro deux du régime. Cette exécution avait pour but d'agir en qualité d'électrochoc pour tout individu tenté de ne pas obéir aux ordres de Kim Jong-Un.

L'endoctrinement de la population nationale mais surtout toute la propagande articulée autour des moyens militaires et des essais balistiques et nucléaires agacent les voisins sud-coréen et japonais. Ces provocations incessantes ne sont pas sans risques. Le moindre incident grave est susceptible de déclencher des hostilités pour lesquelles un effet d'entraînement serait assurément activé. En effet, le scénario d'une guerre n'est pas à exclure dès lors que le territoire sud-coréen ou japonais soit frappé même accidentellement. Les Etats-Unis prêteraient main forte à la Corée du Sud et au Japon. Il serait alors probable que la Chine apporte son « soutien » à la Corée du Nord. Par soutien, il faut comprendre une aide logistique qui ne serait pas sans rappeler la guerre froide, période pendant laquelle l'URSS et les Etats-Unis ne se sont jamais directement affrontés. Lorsque l'une des deux superpuissances était engagée directement dans un conflit armé, l'autre apportait un soutien logistique au camp adverse. Ce serait le scénario le plus probable mais il constituerait toutefois une sérieuse menace pour l'équilibre géopolitique mondial. Il est indéniable que les provocations nord coréennes ne sont pas sans risque et ne doivent pas être sous-estimées en raison des effets boule de neige qu'elles peuvent induire.

Pourtant, au travers de ces provocations récurrentes, le régime nord-coréen assoit sa mainmise sur le pays et s'assure de la « fidélité » et de la « loyauté » de son peuple dont une grande partie est convaincue par le fait que le monde occidental soit réellement un ennemi de la nation nord-coréenne. Pour pouvoir perdurer, la dynastie doit continuer à entretenir ce climat permanent de menace car il s'agit là d'une « légitimation » de la poursuite de la lutte contre les ennemis occidentaux. C'est le moyen par lequel le régime parvient à mobiliser le peuple tout en lui distillant une propagande permanente allant dans ce sens avec les sanctions prévues pour tout individu récalcitrant. Le totalitarisme nord-coréen s'appuie sur une politique belliciste afin de mieux contrôler le système de l'intérieur.

Kim Jong-Un, l'habile négociateur

Il règne en maître absolu sur la Corée du Nord en imposant la force et la terreur mais il a su par le passé donner le change pour apaiser des tensions. A l'instar de l'esprit de la guerre froide, il y eut une période de détente pendant laquelle le monde occidental fut interpelé par la « docilité » de Kim Jong-Un à vouloir nouer le dialogue avec ses ennemis nationaux. Nous gardons en mémoire le rapprochement diplomatique opéré avec le voisin sud-coréen à l'approche des Jeux olympiques de P'yŏngch'ang en 2018 lorsqu'il fut même décidé que l'équipe féminine de hockey sur glace serait commune aux deux Corées. Il y eut des gestes et des signes d'apaisement mais toute la question reposait sur la durabilité d'une telle initiative.

Quelques mois après l'échéance olympique survint la première rencontre entre Kim Jong-Un et Donald Trump qui donna lieu à un plan de communication irréel où les deux chefs d'Etat semblaient avoir tissé une véritable amitié. Les éloges étaient réciproques et tout laissait croire que l'avenir de la Corée du Nord serait placé sous le sceau du pacifisme, que la hache de guerre sortie en raison de vieux démons serait définitivement enterrée. Il n'en était rien. Donald Trump a surestimé sa capacité à obtenir un succès diplomatique retentissant là où bon nombre de ses prédécesseurs n'ont jamais réussi à obtenir une paix durable avec la Corée du Nord. Il pensait faire valoir ses talents d'homme d'affaires pour faire plier son adversaire et le placer dans une position de soumission qui aurait inéluctablement mis un terme à la dynastie Kim à Pyongyang. Il était certain que la Chine n'aurait jamais validé un tel scénario. Pourtant, malgré les conseils de son Administration, le Président Trump s'engagea à obtenir la dénucléarisation de la Corée du Nord sans concession, sûr de sa force et de son pouvoir de persuasion. Le virage diplomatique opéré par Washington était une erreur. Cela fut largement critiqué après coup par John Bolton (il fut le conseiller à la sécurité nationale pendant la gouvernance Trump) notamment et à juste raison.

Kim Jong-Un est parvenu à se jouer du monde occidental. Il n'a jamais eu l'intention de dénucléariser son pays, conscient qu'une telle opération fragiliserait assurément sa position en Corée du Nord. Sa force de frappe est le principal argument de son maintien au pouvoir. Il était par conséquent prévisible que la manœuvre diplomatique de Donald Trump serait un échec. Le vainqueur de ces négociations est clairement Kim Jong Un qui a ainsi pu montrer au monde le visage d'un homme rusé face à la détermination aveugle de Donald Trump. Il a laissé venir à lui le Président américain pour mieux le piéger. Jusqu'à preuve du contraire, le magnat de l'immobilier ne peut pas affirmer avoir obtenu un succès diplomatique. Il en est conscient mais ne l'admet pas. Pour lui, il fallait faire l'effort de rencontrer Kim Jong-Un et d'échanger avec lui mais il oublie qu'il s'était engagé à obtenir la dénucléarisation totale de la Corée du Nord. Pendant ce temps, le régime de Pyongyang n'a jamais interrompu et encore moins cessé son programme nucléaire militaire. Le verdict est sans appel : Kim Jong-Un a remporté son duel avec Donald Trump.

L'élection de Joe Biden a contribué à relancer la communication officielle belliciste de Pyongyang. En agissant de la sorte, Kim Jong-Un fixe les règles du jeu avec les Etats-Unis en maintenant une menace permanente, comprenant bien que la Maison Blanche et le Département d'Etat ne pourront opérer une intervention militaire que si et seulement si la Corée du Nord devait commettre l'irréparable. Le discours a radicalement changé depuis le départ de Donald Trump. Cela étant, lorsque ce dernier fut investi Président en janvier 2017, ses premiers commentaires à l'égard de la Corée du Nord n'étaient pas placés sous le sceau du pacifisme. Les premiers échanges laissaient même craindre le pire. Donald Trump n'avait d'ailleurs pas hésité à qualifier le dirigeant nord-coréen de « *rocket man* » [16], de « psychopathe » ou encore de « petit gros ». Lorsque les tensions s'apaisèrent et que le plan d'une rencontre bilatérale commença à prendre forme, la relation entre les deux hommes changea à jamais.

La première rencontre aboutit à un résultat surprenant, celui montrant deux hommes qui semblaient partager une amitié naissante. Le même esprit anima la deuxième rencontre opérée à Hanoi un an plus tard, même si le Président Trump avait au préalable affiché son impatience quant à la bonne foi nord-coréenne de se dénucléariser. Force est de reconnaître qu'il s'est attaqué à un problème pour lequel la stratégie employée n'était pas bonne. C'est le principal constat qui ressort de cette démarche. Kim Jong-Un a su se montrer attentiste et donner le change en matière de communication. Son opération

---

[16] Note de l'auteur : littéralement, cette expression peut être traduite par « homme fusée ». Cette appellation rappelle le titre éponyme d'un succès d'Elton John datant de 1972.

séduction a fonctionné avec Donald Trump. Il a su séduire sans donner en retour ce qui était attendu par la partie adverse. Pourtant, ce scénario était prévisible. En l'occurrence, la Corée du Nord n'a jamais eu l'intention d'engager un processus de dénucléarisation. En dépit des efforts fournis par le Président Trump, le régime de Pyongyang demeure une épine dans le pied de la Maison Blanche, du Département d'Etat américain, de la Corée du Sud et du Japon.

L'impasse américaine ou le statu quo

Les hypothèses pour faire fléchir la Corée du Nord dans le sens d'une dénucléarisation du pays sont très peu probables dès lors que le régime de Pyongyang s'appuie sur cette force en qualité de moyen de pression pour conserver cette arme sans avoir à faire de concession. La Corée du Nord est déjà lourdement sanctionnée mais parvient malgré tout à générer des revenus qui lui permettent bon an mal an de survivre. Pour les Etats-Unis et ses alliés régionaux, l'envie est grande de voir la Corée du Nord basculer dans un autre régime politique et surtout de voir la famille Kim écartée du pouvoir. Cependant, comment parvenir à ce résultat sans s'exposer à une réaction de Pyongyang ? D'autre part, si tant est que les Etats-Unis parviennent à obtenir satisfaction sur ce point, comment réagirait la Chine avec un changement radical de gouvernance en Corée du Nord ? Bien que les relations internationales et la diplomatie ne soient pas des sciences exactes, il serait surprenant que la gouvernance nord-coréenne change de sitôt à moins qu'elle ne survienne de l'intérieur, hypothèse qui apparaît également peu probable au regard des risques encourus par le peuple en cas d'insoumission ou d'insubordination.

Une intervention militaire américaine ne peut être envisagée qu'en cas d'attaque nord-coréenne. C'est le seul cas de figure où nous pouvons raisonnablement envisager pareille issue. Cela sous-entendrait que cette manœuvre résulterait d'une réaction, c'est-à-dire d'une attaque nord-coréenne ou toute action ou manœuvre accidentelle frappant les Etats-Unis ou bien un allié américain. Ce serait l'hypothèse la plus probable. Face à une attaque, même accidentelle, il faudrait s'attendre à une réponse armée en retour. Si une frappe nord-coréenne devait frapper une puissance placée sous le parapluie américain, il ne fait aucun doute que la riposte serait impitoyable. Bien que la communication officielle de Pyongyang soit à nouveau devenue belliciste et que les provocations n'aient jamais cessé, Kim Jong-Un n'a aucunement intérêt à franchir la limite de non-retour qui aboutirait inévitablement à un conflit armé. Si la Chine apporte son soutien à son voisin, elle ne tolère pas pour autant toutes les provocations perpétrées par Pyongyang, craignant précisément qu'une action mal maîtrisée puisse générer un conflit armé.

Une guerre impliquant la Corée du Nord n'est évidemment pas souhaitable. L'armement nord-coréen est de qualité mais une coalition étrangère menée par les Etats-Unis aurait sans doute de grandes chances d'aboutir à des frappes ciblées et efficaces pour neutraliser des installations stratégiques. Le pouvoir de nuisance de Pyongyang est grand et susceptible de causer d'importants dommages en Corée du Sud ou au Japon, voire aux Etats-Unis. Les boucliers anti-missiles n'immunisent pas contre les frappes. Ils peuvent neutraliser certains missiles mais pas tous en cas d'attaque massive. Dans le cas d'une opposition armée, la Corée du Nord peut effectivement causer des dégâts mais aurait sans doute beaucoup de mal à contenir des frappes ennemies. Il y a aurait de fortes chances que le régime dynastique ne survive pas à une telle riposte... à moins que la Chine n'intervienne à son tour. Cela signifierait une opposition armée directe entre Washington et Pékin. Nous

nous refusons de croire en une telle hypothèse car les conséquences seraient non seulement accrues mais risqueraient de ne plus être maîtrisées.

De notre point de vue, l'hypothèse la plus crédible est celle d'un statu quo. En d'autres termes, à moins d'un soulèvement intérieur peu probable, la dynastie Kim a toutes les chances de continuer à régner en maître absolu malgré les rumeurs qui se font l'écho d'un état de santé préoccupant pour Kim Jong-Un. L'Administration Biden va sans doute continuer à devoir « encaisser » les messages bellicistes de Pyongyang, les Etats-Unis demeurant naturellement l'ennemi juré de la Corée du Nord. Toutefois, le Président Biden n'exclut pas l'idée d'une rencontre avec Kim Jong-Un mais qui, si elle devait se dérouler, ne s'articulerait assurément pas autour d'une communication comme celle menée naguère par Donald Trump. De même, les Etats-Unis et la Corée du Sud s'associent pour mettre en place un front technologique commun. L'objectif de cette association est double : premièrement adresser un message à la Chine ; deuxièmement, montrer également à la Corée du Nord que l'association américano-sud-coréenne est solide.

Du côté américain, la stratégie de l'Administration Biden est en train d'être mise en place, patiemment, tout en sachant pertinemment que la marge de manœuvre est faible dès lors que Pyongyang continue de bénéficier du soutien de Pékin. Il appartient désormais à la Corée du Nord de ne pas commettre l'irréparable pour se risquer à une violente riposte. Les analystes occidentaux s'interrogent sur la santé mentale de Kim Jong-Un, craignant que ce dernier puisse un jour mettre ses menaces à exécution et s'attaquer aux Etats-Unis ou bien à ses alliés. A défaut de sous-estimer le dirigeant nord-coréen, nous constatons que le discours officiel reste inchangé depuis plusieurs décennies bien que la Corée du Nord dispose de l'arme nucléaire et qu'à ce titre, il est préférable de pas sous-évaluer les risques. Il est évidemment souhaitable qu'il n'ait jamais la tentation de vouloir se servir de l'arme nucléaire… La seule certitude que nous possédons est qu'en cas de dialogue direct entre Kim Jong-Un et Joe Biden, l'approche diplomatique américaine serait différente de celle de Donald Trump.

Climat de guerre froide et ombre chinoise

Il ne s'agit pas d'une révélation mais sans l'aide chinoise, il est très probable que le régime nord-coréen n'aurait pu subsister aussi longtemps dans de telles conditions de sanctions. Il ne faut pas s'y méprendre : l'arsenal de sanctions, dans la vision occidentale, vise à affaiblir la toute-puissance de la famille Kim. Le but recherché est un changement de gouvernance politique. Pour cela, la Chine cherche un équilibre permanent lorsque des sanctions sont votées au sein du Conseil de sécurité des Nations Unies : ne pas contrarier les autres votants tout en approuvant des sanctions qui ne soient pas trop préjudiciables pour l'équilibre politique de son voisin. La Chine a besoin de la Corée du Nord et cette dernière en joue dans le cadre de sa communication belliciste à l'égard des Etats-Unis et de ses alliés.

Toutefois, les relations politiques bilatérales qui lient Pékin à Pyongyang sont parfois tumultueuses en raison des libertés prises par la Corée du Nord et qui peuvent à tout moment générer un regain de crise voire un basculement vers un conflit armé dans le pire des scénarii. Les dirigeants chinois manifestent parfois un agacement proche de la colère face aux provocations récurrentes de leur « petit frère » communiste. La difficulté majeure consiste à celle du maintien d'un équilibre des relations. La dynastie Kim serait évidemment menacée sans l'aide chinoise et réciproquement, le maintien de cette famille au pouvoir assure à la Chine la présence d'un état-tampon qui la sépare des alliés américains. Pour Pékin, il est dès lors impensable que le régime de Pyongyang puisse être menacé et qu'il débouche sur un changement de gouvernance politique qui permettrait aux Etats-Unis d'étendre leur aire d'influence et de se rapprocher des frontières chinoises. Les relations entre Pékin et Pyongyang sont parfois tendues mais depuis plusieurs décennies, toute tension se ponctue par un retour inévitable à un apaisement des relations bilatérales. Chacun a besoin de l'autre.

Le rêve américain consiste à assister à la chute de la famille Kim et à l'abandon de la doctrine du *Juche*, cette règle qui régule le fonctionnement du pays et qui prend en considération une quasi-déification de ses dirigeants, dont le fondateur de la république nord-coréenne Kim Il-Sung. La Chine poursuit son soutien car son voisin contrarie la diplomatie américaine ainsi que celle de ses alliés. La Corée du Sud est en première ligne car partageant des frontières communes avec la partie septentrionale de la péninsule. Séoul n'est distant que d'une cinquantaine de kilomètres de la frontière nord-coréenne et n'est évidemment pas rassuré lorsque Pyongyang communique des messages menaçants. Toutefois, il est certain que toute frappe nord-coréenne à destination de la Corée du Sud induirait un embrasement régional. Elle raviverait la vieille guerre qui oppose les deux parties et qui n'a juridiquement jamais pris fin depuis 1953.

Lorsqu'on évoque 1953, nous faisons référence à ce conflit meurtrier qui était en réalité un des premiers affrontements de la guerre froide. Nous retrouvons à ce jour cet esprit dans la mesure où la rivalité sino-américaine a supplanté depuis lors l'opposition américano-soviétique d'antan. La Corée du Nord profite plus que jamais de cette situation pour souffler le chaud et le froid au gré de ses provocations récurrentes. Une grande partie de ces dernières reçoit l'approbation de la Chine qui n'accepte cependant pas les provocations trop risquées qui peuvent entraîner des conséquences incontrôlées. Pourtant, depuis qu'il dirige son pays, Kim Jong-Un a montré qu'il était capable de se montrer attentif aux recommandations de Pékin. En amont des deux rencontres où il échangea avec Donald Trump, il avait alors effectué des déplacements en Chine pour « prendre conseil » auprès de ses précieux alliés. Pour un homme d'Etat qui ne sort quasiment jamais de son pays, ces voyages en Chine étaient naturellement destinés à recevoir des conseils voire davantage. En effet, si la communication officielle montrait Kim Jong-Un avec les plus hauts dignitaires chinois souriants, détendus et complices, il serait plus juste d'évoquer des instructions fournies par la Chine. En clair, lorsque Donald Trump acquit la certitude de faire fléchir la Corée du Nord par la diplomatie, la Chine saisit cette opportunité pour l'entraîner sur un terrain jonché de pièges, dont celui du gain de temps. Kim Jong-Un a ainsi admirablement joué sa partition, sachant donner le change pour que son personnage séduise le volcanique Donald Trump mais suffisamment madré pour ne rien concéder de concret et d'avancer des promesses évasives qui ne seront finalement jamais tenues.

Si la Corée du Nord s'est jouée du 45ème Président américain, il faut considérer que la Chine en a fait de même. Le dossier de la dénucléarisation de la Corée du Nord a été une victoire diplomatique de la Chine qui a en réalité humilié Donald Trump qui s'était attiré par ailleurs les foudres de ses proches conseillers diplomatiques. Ces derniers lui avaient auparavant déconseillé d'engager le dialogue de la sorte avec Kim Jong-Un. Donald Trump et Kim Jong-Un ont joué. Le deuxième cité a gagné. Cependant, la situation a depuis lors quelque peu changé avec l'élection de Joe Biden qui a assuré à son pays qu'il comptait poursuivre le travail d'opposition avec la Chine, conscient que la domination américaine s'essouffle au gré de la montée en puissance de son rival, tant en termes de *hard* que de *soft power*. La Corée du Nord sera immanquablement un acteur non-négligeable de la rivalité sino-américaine. Il faut par conséquent s'attendre à ce qu'elle poursuive son inlassable travail de sape à souffler le chaud et le froid avec les Etats-Unis et ses alliés.

Des moyens de pression réciproques

C'est une des raisons pour lesquelles nous croyons en la thèse d'une neutralisation ou de la prolongation d'une situation qui existe déjà depuis longtemps quant à la nucléarisation de la Corée du Nord. La Chine et les Etats-Unis disposent chacun de moyens de pression. Le dernier exemple en date dans l'actualité est le souhait exprimé par le Président Biden d'exiger auprès de ses services de renseignement la remise d'un rapport détaillé relatif aux véritables origines de la Covid-19 sous trois mois. [17] Ce dernier ne manqua pas de préciser que *« les Etats-Unis continueront à travailler avec leurs partenaires à travers le monde pour faire pression sur la Chine afin qu'elle participe à une enquête internationale complète, transparente, et basée sur des preuves. »* [18] Le but de la manœuvre est explicité par la plus haute autorité américaine ; l'idée est de déterminer si l'origine de la Covid-19 ne provient pas d'un laboratoire. Cette thèse existe depuis un moment puisqu'elle avait été très vivement défendue alors que Donald Trump assurait encore la gouvernance exécutive des Etats-Unis. S'il devait être démontré que l'origine est laborantine, fusse-t-elle accidentelle ou bien faisant partie d'un programme convenu de recherche en vue de développer des armes bactériologiques, les relations sino-américaines pourraient

---

[17] *« Origine du Covid : Biden demande aux services de renseignement un rapport sous 90 jours »*, www.lefigaro.fr, 26 mai 2021
[18] *Ibidem.*

dès lors prendre un nouveau tournant. De plus, le Président Biden va devoir se comporter comme un équilibriste, lui qui était le vice-président de son pays lorsque des fonds américains financèrent prétendument et en partie les activités de recherche de certains laboratoires scientifiques situés dans la région de Wuhan.

Entre les Etats-Unis et la Chine, les relations diplomatiques sont difficiles. Chacun essaye de déstabiliser l'autre avec des tarifs douaniers, des scandales sur fond d'espionnage ou d'immoralité et autres stratagèmes qui ont pour seul but de contrarier la partie adverse. Pourtant, malgré tous ces obstacles, les relations commerciales entre les deux pays ne sont pas mauvaises : les Etats-Unis ont besoin de produits et services chinois et réciproquement. A n'en pas douter, la demande exprimée par le Président Biden est un moyen de pression, le dernier d'une longue série, en vue de donner à la Chine le mauvais rôle, celui du méchant qui a fait des choses inavouables dans le plus grand secret et qui n'a informé personne lorsqu'un incident fut constaté. Ce serait à l'évidence un terrible camouflet pour Pékin ainsi que pour l'OMS dont le crédit auprès de la communauté internationale s'en retrouverait soudainement altéré pour des raisons de suspicion de complaisance à l'égard de la Chine. Pour autant, cette situation de probable agitation en devenir fait les affaires de la Corée du Nord, même si les grandes manœuvres entreprises et promues par Joe Biden avec la Corée du Sud semblent indiquer que tout est réfléchi pour accentuer la pression à distance sur le régime de Pyongyang.

Américains et Sud-Coréens intensifient leur alliance au travers d'un front commun à portée technologique dont le but est de contrarier la Chine. Cependant, toute nouvelle coopération entre Séoul et Washington est susceptible de contrarier Pyongyang. Il est attendu que la propagande étatique fustige cette nouvelle coopération afin d'alimenter toujours plus le nationalisme nord-coréen. Une fois de plus, le constat pour Washington est implacable : si l'idée est de toujours renforcer les moyens de pression à l'égard de la Corée du Nord, toute intervention ou incursion en terre nord-coréenne est à exclure sous peine de représailles nord-coréennes et d'une possible intervention chinoise. En d'autres termes, une intervention armée ne peut être envisagée qu'en cas d'agression nord-coréenne. Quant aux opérations d'infiltration pour tenter de créer une forme de subversion interne sont très risquées tandis qu'elles ne garantissent aucune efficacité. C'est ainsi que nous penchons pour la thèse du statu quo : Etats-Unis et Chine se jaugent à distance, parfois sur des terrains dangereux comme les manœuvres militaires opérées par les deux camps en mer de Chine. Pour ce qui est du dossier nord-coréen, le contexte entre les deux superpuissances plaide plutôt pour une poursuite des activités nucléaires sans qu'il puisse être imposé un quelconque programme de dénucléarisation. Il appartient donc à Kim Jong-Un de ne pas commettre l'irréparable, l'acte qui mettrait définitivement le feu aux poudres.

La Corée du Nord a toutes les chances de voir la dynastie Kim poursuivre son règne malgré les rumeurs d'une santé chancelante de son dirigeant suprême. Les rumeurs vont effectivement bon train et il se murmure que Kim Jong-Un aurait déjà préparé sa succession si sa santé ne lui permettait plus d'assurer les exigences du pouvoir. D'après les services de renseignement sud-coréens, sa sœur serait désignée pour prendre la succession en cas de décès prématuré du petit-fils de Kim Il-Sung. Il est difficile d'obtenir des informations fiables tant le régime nord-coréen cloisonne tout. Tout relève donc de la spéculation. Toutefois, il est incontestable que Pyongyang dispose d'arguments militaires et notamment d'armement à faire valoir. Ils constituent en soi une sorte de frein à toute forme de velléité extérieure. De même, en agissant de la sorte, la Corée du Nord campe le rôle d'un bouclier pour la Chine au regard de la présence américaine en Corée du Sud et au Japon. Tous ces éléments convergent dans le sens d'un scénario pour lequel il ne faudra pas s'attendre à ce que la Corée du Nord fléchisse quant à ses ambitions nucléaires.

Conclusion

Peut-on envisager une solution diplomatique qui soit durable ? C'est par une question que nous initions cette conclusion. En l'état actuel des choses, nous sommes tentés de répondre négativement. La diplomatie risque de se heurter systématiquement à des obstacles qu'elle ne sera pas en mesure de surpasser. En premier lieu, au regard de la rivalité Etats-Unis-Chine, nous sommes sceptiques quant au fait que la diplomatie onusienne puisse fonctionner correctement pour aplanir un dossier qui s'étire dans le temps. Les deux grands rivaux sont des membres du Conseil de sécurité permanent et disposent chacun d'un droit de veto. Si le Conseil de sécurité devait se prononcer pour de nouvelles sanctions que la Chine estimerait inacceptables, il faudrait alors s'attendre à ce qu'elle fasse valoir son droit de veto. Jusqu'à présent, elle a déjà voté favorablement des sanctions onusiennes à l'encontre de la Corée du Nord mais tant qu'elle les considère acceptables. En ce sens, si les Etats-Unis devaient militer pour renforcer l'arsenal des sanctions contre le petit état-tampon, la Chine pourrait s'y opposer et bloquer la poursuite des discussions sur le sujet. C'est ainsi qu'il nous semble que la diplomatie onusienne risque de se montrer impuissante si ce n'est de poursuivre ses efforts pour exercer une pression permanente sur le régime de Pyongyang en vue d'éviter le déclenchement d'une nouvelle guerre. Tant que Kim Jong-Un continuera de bénéficier du soutien indéfectible de son voisin chinois, il n'a aucune raison de dénucléariser son pays. L'arme nucléaire contribue à son maintien en place. Il s'agit de son atout principal. Il n'a par conséquent aucunement l'intention de le sacrifier sauf si la Chine devait en lui intimer l'ordre, hypothèse qui paraît peu probable.

C'est une véritable guerre des nerfs qui oppose les Etats-Unis à la Chine sur le dossier nord-coréen. Washington souhaiterait solutionner ce dossier au plus vite et écarter définitivement toute forme de menace. Quant à Pékin, l'idée est de voir le rival s'impatienter et s'énerver sur cette affaire qui n'évolue quasiment pas depuis plusieurs décennies si ce n'est dans le sens de la Corée du Nord qui parvient à améliorer sans cesse ses équipements militaires. La marge de manœuvre de l'Administration Biden paraît donc bien réduite. Plutôt que de privilégier le dialogue qui, à la décharge des Etats-Unis n'a jamais eu pour intention d'être constructif du côté de la Corée du Nord, abonderait dans le sens d'un apaisement diplomatique. Nous avons pu le constater lors de la présidence Trump : bien que l'ancien Président ait sans aucun doute commis des erreurs de communication, tenter de dialoguer avec Pyongyang n'est pas un exercice facile. Kim Jong-Un s'est joué de Donald Trump et n'a probablement jamais eu l'envie d'engager de véritables discussions visant à dénucléariser son pays. Qu'aurait-il pu obtenir en contrepartie ? Vraisemblablement rien puisque Donald Trump s'était mis en tête de parvenir à mettre la Corée du Nord au pas... ce qui fut une très mauvaise appréciation de la situation pour ne pas évoquer une candeur stupéfiante à un tel niveau décisionnel.

La principale crainte demeure cette incertitude qui plane toujours autour de ce que compte faire Kim Jong-Un. Est-il uniquement animé par un esprit de provocation ou bien entend-il un jour commettre l'irréparable ? Là encore, nous avons notre avis sur la question. Nous sommes plutôt d'avis qu'il joue avec le monde occidental et que voir les réactions de ce dernier lors de chaque tir balistique ou essai nucléaire n'est pas pour lui déplaire. Il défie le monde pour mieux contrôler son pays. Il s'agit d'une stratégie de communication politique qui s'adresse officiellement à d'autres acteurs que ceux en réalité vraiment ciblés, en l'occurrence le peuple nord-coréen. Il joue avec les sentiments nationalistes de ses compatriotes tout en maintenant un climat de peur permanente. C'est ainsi qu'il parvient à asseoir sa position de leader incontesté. Il faut faire passer le message que toute personne qui n'obtempèrera pas comme lui l'entend s'exposera à de redoutables sanctions. En provocant le monde avec son arsenal militaire, il s'adresse surtout aux siens : l'Etat sera toujours plus fort que l'individu. Les armes peuvent être utilisées contre tout ennemi, qu'il soit extérieur à la Corée du Nord ou bien à l'intérieur. En effet, pour maintenir une telle rigueur totalitaire, la propagande doit toujours adresser des messages mettant en garde contre d'éventuels écarts de conduite. C'est ainsi que l'effroi gagne les populations, chacun craignant que sa vie bascule sur une simple dénonciation même infondée. On en arrive à un autre extrême : celui qui veut en faire trop pour montrer qu'il est irréprochable aux yeux du régime. Le système nord-coréen s'appuie sur un abrutissement organisé de la population nationale qui prend son origine dans le règne par la terreur. Par abrutissement, nous désignons l'oppression du peuple qui dispose de moyens bien trop limités pour esquisser ne serait-ce qu'un semblant de révolte contre le système établi. Pourtant, si les Etats-Unis devaient parvenir à régler le problème du nucléaire nord-coréen, la solution passerait peut-être par l'hypothèse d'un renversement politique interne et que le peuple ose défier l'autorité. Une fois encore, cette hypothèse paraît peu probable au regard des instruments de répression en présence. La Corée du Nord dispose de la plus grande armée du monde en hommes au regard de sa population nationale. Quand bien même un soulèvement intérieur vienne troubler l'équilibre politique interne du pays, la Chine s'opposerait vraisemblablement à ce que les Etats-Unis et ses alliés occidentaux viennent proposer leur aide en vue d'une transition politique…

Le soutien chinois apporté à son voisin nord-coréen est ancien. Même à une époque où il n'existait pas de rivalité portant sur le leadership économique mondial, la Chine n'a jamais souhaité voir des troupes américaines stationner trop près de ses frontières. Depuis lors, le géant asiatique a connu un essor économique très dynamique au point d'en faire le plus sérieux concurrent à la contestation de la domination américaine en matière de *hard* et de *soft power*. Il est certain que Pékin n'a pas envie d'assister à un profond bouleversement politique en Corée du Nord qui permette aux Etats-Unis de se rapprocher toujours plus de ses frontières nationales et d'étendre ainsi sa zone d'influence en Extrême-Orient. Pourtant, face à l'amélioration de l'arsenal militaire nord-coréen, les Etats-Unis vont devoir déployer une diplomatie subtile et habile. *« Washington devra vraisemblablement faire le premier pas et s'astreindre à utiliser la diplomatie comme arme pour éviter un affrontement avec Pyongyang tout en rassurant ses alliances d'Asie de l'Est comme le Japon et la Corée du Sud, sur sa capacité à maintenir une stabilité régionale »* [19] Nous sommes d'autant plus d'accord avec cette pensée que nous ne voyons pas l'intérêt pour la Corée du Nord d'effectuer le premier pas. Un tel cas de figure surprendrait. Pyongyang n'a manifestement pas l'intention de s'ouvrir au monde.

Certes, la famille Kim et les hauts dignitaires du régime ont sans doute envie de s'affranchir de certaines

---

[19] Jérôme le Carrou, *« La stratégie de militarisation nord-coréenne à l'épreuve de la nouvelle administration américaine »*, www.iris-france.org, 5 février 2021

sanctions économiques contraignantes mais pas au prix d'une dénucléarisation du pays. Si la Corée du Nord devait effectuer un premier pas, nous nous interrogerions sur la sincérité de la démarche : ne serait-ce pas un piège ? Une deuxième option serait une dégradation des relations avec la Chine qui pousserait Pyongyang à se tourner aussitôt auprès d'autres partenaires... L'hypothèse est peu crédible et autant affirmer qu'en pareil cas, nous assisterions probablement à la fin de l'ère Kim à la tête de la Corée du Nord. Si les Etats-Unis veulent obtenir quelque chose de la part de cette dernière, la seule dénucléarisation ne devant pas être uniquement considérée, les Américains devront se manifester les premiers. Le Président Biden n'a d'ailleurs pas écarté cette possibilité et se montre particulièrement prudent sur sa vision du dossier nord-coréen.

Si nous résumons toutes les hypothèses soulevées, il va de soi que Washington va devoir s'armer de patience si Pyongyang ne commet pas une erreur impardonnable. Il appartient à l'Administration Biden d'identifier la meilleure stratégie à adopter pour parvenir dans un premier temps à apaiser quelque peu le climat de tension et faire en sorte que la communication officielle de Pyongyang se montre à l'avenir moins belliciste. Ce serait déjà un premier signe encourageant. Quant à la dénucléarisation du pays, elle n'est raisonnablement pas à l'ordre du jour. Elle ne fait pas partie des plans de Kim Jong-Un qui, s'il agissait en ce sens, scierait la branche de l'arbre sur laquelle il est assis. Une telle hypothèse ne fait pas de sens. Les Etats-Unis peuvent toujours chercher les moyens de faire accepter de nouvelles sanctions économiques pour étrangler toujours plus l'économie nord-coréenne pourtant déjà aux abois depuis longtemps. Dans pareil cas, il ne faudrait pas espérer assister à un adoucissement de la communication officielle nord-coréenne à l'égard de la patrie de l'Oncle Sam. La marge de manœuvre de la Maison Blanche et du Département d'Etat semble réduite dès lors que la Corée du

Nord ne manifeste aucune intention ou volonté de dialoguer sans jeu de dupes. Quand bien même accepterait-elle de jouer la carte de la sincérité que l'ombre de Pékin planerait toujours au-dessus des discussions Washington-Pyongyang. En ce sens, la diplomatie déployée par Donald Trump en son temps ne favorise pas le travail qui attend l'Administration Biden. Bien que dénuées de tact et de diplomatie au départ, les relations Kim Jong-Un-Donald Trump ont surpris le monde lorsqu'elles prirent une tendance quasi-amicale… à ceci près que le leader nord-coréen s'est joué de son homologue américain.

Le Président Biden a compris qu'il était inutile de provoquer une rencontre avec quelqu'un dont il sait qu'il obtiendra pour toute réponse une fin de non-recevoir si l'enjeu de la discussion porte sur la dénucléarisation. Il va donc falloir penser l'approche diplomatique autrement si une rencontre entre les deux hommes devait intervenir. A l'approche des jeux olympiques d'hiver de P'yŏngch'ang en 2018, les deux Corées avaient temporairement renoué un dialogue qui laissait entrevoir une évolution dans la vision diplomatique de Kim Jong-Un qui revint plus tard à une position beaucoup plus stricte et ferme. Jusqu'à présent, le leader nord-coréen a surtout montré qu'il n'était pas quelqu'un de facilement influençable et encore moins de malléable. A ce jour, il n'a aucune raison de vouloir accéder aux souhaits américains. La Chine ne s'y opposera pas. Bien au contraire, bien que parfois irritée par son voisin, elle veille à ce que l'erreur de trop ne soit pas commise et que l'effet domino ne soit pas déclenché par les Etats-Unis et ses alliés.

Israël-Palestine, l'éternel recommencement
Mai 2021

Une fois n'est pas coutume dans nos travaux, la tonalité de la réflexion sera de l'ordre du billet d'humeur. En mai 2021, un nouvel épisode tragique secoue le Moyen-Orient et plus précisément l'Etat d'Israël opposé à l'autorité palestinienne. Le bilan humain est terrible : de nombreuses victimes des deux côtés, le camp palestinien étant plus sévèrement touché. Une fois de plus, un nouveau pic de tensions oppose ces deux frères ennemis. Une fois de plus, la communauté internationale semble désemparée face à une escalade des tensions qui peut désormais à tout moment basculer dans l'incontrôlable. Les intérêts en jeu sont nombreux mais au-delà de comprendre ce que défendent Israël et la Palestine, le premier constat qui s'impose est celui d'un échec volontaire de la diplomatie. Il ne s'agit pas d'un échec émanant des Nations Unies mais d'une volonté délibérée américaine de s'opposer à une intervention du Conseil de sécurité. C'est davantage dans cette attitude qu'il faut décrypter ce qui est réellement en jeu car en définitive, c'est toute la géopolitique du Moyen-Orient qui se retrouve au cœur des enjeux, confirmant par la même occasion que les relations internationales sont devenues une discipline d'analyse très complexe puisque tout est susceptible d'évoluer à très grande vitesse, au point qu'il devient pertinent de se poser la question suivante : quelle valeur peut-on désormais octroyer à un accord diplomatique prétendument qualifié d'historique ? Au cœur des enjeux, le soutien américain apporté au Premier ministre Netanyahu est très révélateur : tout la diplomatie mise en place par Donald Trump en souhaitant une reconnaissance des relations diplomatiques entre Israël et certains Etats arabes de la région risque de voler en éclat alors que la principale raison de ce rapprochement était fondée sur une rivalité portant sur un ennemi commun : l'Iran.

A ce jour, ce qui avait « rapproché » en 2020 l'Etat d'Israël et plusieurs puissances arabes dont l'Arabie saoudite semble être remis en question dès lors que ces accords avaient été perçus par les Palestiniens comme une forme d'abandon par les alliés arabes tandis que Riyad a été récemment contraint de revoir sa position diplomatique à l'égard de Téhéran. Le principal danger demeure que tout ce qui est en train de se produire s'apparente à des édifices prêts à s'écrouler car ne reposant pas sur des fondations solides. Cette opinion se vérifie d'autant plus que les Etats-Unis comptent occuper un rôle majeur au Moyen-Orient : c'est ainsi que le Prince héritier a été poussé à revoir sa sensibilité iranienne sur fond de pression américaine et que l'intervention armée israélienne est somme toute avalisée par Washington au regard du rôle campé par la capitale américaine au sein du Conseil de sécurité des Nations Unies. Il est manifeste qu'une stratégie est en train d'être déployée. Cela ne fait aucun doute. Pour autant, est-elle maîtrisée ? Rien n'est moins sûr.

L'exacerbation des nouvelles tensions israélo-palestiniennes résulte du télescopage de plusieurs facteurs. Le conflit au sein du quartier de Sheikh Jarrah à Jérusalem Est a ravivé des tensions dans un environnement où des sionistes religieux cherchent à racheter des biens immobiliers à des Palestiniens afin de les écarter géographiquement et de « judaïser » cette zone. Deuxièmement, il fut interdit aux Palestiniens de se réunir à la Porte de Damas dans le cadre des festivités du ramadan. Il y eut ensuite les échauffourées de l'esplanade de la Mosquée. Ces événements ont influencé les jeunes Arabes de Jérusalem qui sont alors descendus dans la rue pour apporter leur soutien au peuple palestinien. Tout cela a contribué à la formation d'une nouvelle crise. Il y eut enfin les tirs de roquette du Hamas qui se veut défenseur de la population palestinienne et qui souhaite supplanter le Fatah dans ce rôle. Ces tirs en direction d'Israël entrainèrent une riposte adverse. En règle générale, il existe des problématiques persistantes qui font qu'un embrasement soudain puisse survenir à tout moment. Israël craint pour sa sécurité nationale au regard des activités du Hamas. Quant à l'autorité palestinienne, elle souhaite s'extraire d'une situation qu'elle n'accepte pas. La reconnaissance d'un Etat indépendant n'est cependant pas à l'ordre du jour. Les motivations de querelles sont nombreuses et à chaque nouvelle escalade des tensions, il est craint une dégénérescence qui aboutisse à un point de non-retour. En effet, si l'opposition directe met aux prises ces deux voisins ennemis, toute nouvelle crise durable aura des chances de s'étaler dans l'espace et de ne plus être circonscrite aux frontières israéliennes et palestiniennes, qui plus est au sein d'un environnement régional déjà en proie à de nombreuses crises durables qui ne parviennent pas à trouver de résolution. Il y a déjà eu par le passé des moments houleux mais cette fois-ci, il existe une crainte que les affrontements durent plus longtemps voire qu'ils montent en intensité. La polémologie n'est pas une science exacte. Les analyses en matière de science des conflits sont souvent mises à mal en raison de l'irruption d'éléments perturbateurs inattendus qui changent la donne d'un problème. En l'occurrence, dans ce cas précis, les acteurs susceptibles d'influencer l'évolution de la situation sont nombreux. A défaut de les recenser exhaustivement, les Etats-Unis, les Nations Unies et les puissances arabes de la région peuvent effectivement chercher à apaiser les tensions ou a contrario à les exacerber davantage. En effet, tout ne repose pas exclusivement sur les volontés israéliennes et palestiniennes : il y a assurément des influences extérieures.

L'affrontement Israël-Hamas a sans doute déjà désigné un vainqueur : le Premier ministre Netanyahu. Ce dernier a longtemps peiné pour former un nouveau gouvernement et les affrontements actuels vont l'aider à organiser une coalition pour lui permettre de constituer une équipe gouvernementale issue de la majorité parlementaire négociée. Quant au principal perdant, nous désignons le Président des Etats-Unis Joe Biden. De notre point de vue, il a contribué à ce nouveau désordre *(fitna)* au Moyen-Orient mais il s'agit là d'une position très risquée que d'avoir bloqué le Conseil de sécurité des Nations Unies. En effet, en agissant de la sorte, il compte ainsi envoyer un message à la Russie et à la Chine notamment mais il prend surtout un risque énorme en torpillant la diplomatie mise en place par son prédécesseur qui avait œuvré pour un rapprochement entre Israël, les Emirats Arabes Unis et l'Arabie saoudite entre autres. Alors qu'un accord diplomatique paraissait peu probable au regard des inimitiés anciennes caractérisant les relations entre l'Etat israélien et les puissances arabes régionales, Donald Trump sut trouver les angles de discussion convaincants pour inciter à la mise en place d'un dialogue. Il s'était assuré en amont de nouer d'excellentes relations diplomatiques et commerciales avec chacun d'entre eux pour ensuite donner vie à son projet diplomatique pour le Moyen-Orient. Cela ne signifie pas pour autant qu'il s'agissait d'une manœuvre d'exception mais elle avait le mérite d'apaiser certaines rancœurs en focalisant des acteurs traditionnellement peu proches sur un adversaire commun. En agissant de la sorte, le Président Biden est en train de remettre en question ces accords diplomatiques au risque de provoquer de nouveaux remous entre Israël et les Etats arabes de la région. En définitive, là est le problème : quid de la reconnaissance diplomatique opérée par Jérusalem avec Abu Dhabi et Riyad quelques mois auparavant ?

L'Administration Biden n'a pas les mêmes faveurs que la précédente aux yeux du Premier ministre Netanyahu. Pourtant, en bloquant toute forme d'intervention du Conseil de sécurité, les Etats-Unis apportent une sorte de soutien à l'action d'Israël. Faut-il toutefois rappeler que Joe Biden préside un pays qui a majoritairement voté pour lui en raison d'une mauvaise gestion de crise sanitaire de son prédécesseur ? Depuis lors, le secteur financier redoute les décisions provenant de la Maison Blanche. Il en va de même pour certains anciens grands officiers de l'armée américaine qui ont rendu public un courrier écrit dans lequel ils s'interrogent sur l'état de santé mentale du 46ème Président des Etats-Unis… ainsi que de la validité de l'élection présidentielle ! Cela rouvre de vieux chapitres qui semblaient définitivement refermés aux Etats-Unis mais qui trahissent surtout un malaise social et politique toujours perceptible malgré les efforts déployés par Joe Biden pour tenter d'apaiser un climat social sensible.

Certes, nous pouvons mettre au crédit du Président démocrate des décisions qui ont veillé à calmer ou à rassurer la population américaine qui avait par ailleurs besoin d'entendre des mots rassurants et de voir ces derniers suivis d'effet. En ce sens, la communication et les décisions prises en matière de lutte contre la propagation de la Covid-19 et les tensions sociales, que l'Administration Trump n'avait su prendre, étaient sans conteste les bienvenues. Son plan de relance économique est déjà plus contesté. Quant à sa politique étrangère, elle est dangereuse. Il a probablement esquissé depuis longtemps une ligne de conduite qui s'inscrit dans ce qui fut promu en son temps par l'Administration Obama mais qui fut ensuite contredit par la politique étrangère déployée par Donald Trump. Toutefois, les premières limites furent manifestement affichées lorsqu'il commit l'erreur stratégique d'annoncer publiquement son intention de relancer le processus de discussion relatif au dossier nucléaire iranien pendant la campagne électorale pour l'élection présidentielle. Sur le fond, l'idée est sans doute bonne mais c'est sur la forme qu'une erreur fut commise. En annonçant une telle volonté, il allait semer le trouble au Moyen-Orient et mettre en péril le faible semblant « d'équilibre » tenté par Donald Trump car en se positionnant de la sorte, il allait s'attirer la méfiance de Jérusalem, d'Abu Dhabi et de Riyad. D'autre part, il donnait à Téhéran l'occasion de s'exprimer. Plutôt que de manifester une quelconque reconnaissance ou gratitude à l'égard de l'intention du candidat démocrate d'alors, le régime iranien y vit immédiatement un moyen de pression à exploiter : cela conduisit à l'opération visant à enrichir davantage l'uranium en vue de négocier au mieux sa position au sein des futures discussions multipartites.

Depuis lors, les Etats-Unis ont tenu à afficher une fermeté de tous les instants, notamment à l'égard de l'Arabie saoudite qui a été contrainte de voir l'engagement ou le soutien militaire américain se réduire et d'autres décisions qui ont contrarié les plus hauts dignitaires du royaume wahhabite. Joe Biden ne partage manifestement pas l'amitié avec le Prince héritier que Donald Trump avait su tisser. L'Arabie saoudite se voit désormais dans l'obligation de revoir sa copie au sujet de l'Iran, sur fond de pression américaine, mais toute la question est de déterminer pendant combien de temps. En effet, le soutien américain apporté à Israël va sans doute rebattre les cartes du Moyen-Orient, d'autant plus que le Président Biden ne paraît pas faire l'unanimité dans son pays. De notre point de vue, il s'est risqué à ouvrir une boîte de Pandore au Moyen-Orient.

L'image de cette fameuse boîte est d'autant plus fondée qu'il existe une volonté délibérée de ne pas apaiser les tensions par les voies diplomatiques classiques, celles via lesquelles les chances de succès ou d'obtention de résultat seraient les plus grandes. En l'occurrence, pour un conflit aussi complexe, les Nations Unies incarnent l'option diplomatique la plus crédible… si tant est que le Conseil de sécurité parvienne à s'entendre… C'est précisément ce qui fait défaut puisque les Etats-Unis n'ont manifesté aucune volonté de poursuivre les discussions au sein de ce cénacle onusien. En revanche, le Secrétaire d'Etat Antony Blinken a appelé Israël et l'autorité palestinienne au calme, leur sommant d'épargner les populations civiles qui sont effectivement les premières victimes de ces affrontements. En clair, pour faire bonne figure, le Département d'Etat a fait montre d'empathie en appelant à un apaisement mais la réalité montre surtout qu'il s'agit d'un coup de communication visant à ce que les Etats-Unis n'aient pas à endosser le mauvais rôle des « empêcheurs de paix ». Cette communication est indécente dans la mesure où elle n'occasionnera aucun résultat concret. Pour l'exprimer autrement, cette stratégie consiste à montrer que Washington se soucie peu des conséquences d'un tel affrontement, notamment pour les populations civiles des deux camps. Les Etats-Unis ne manifestent aucune intention d'apporter ne serait-ce qu'une lueur de résolution diplomatique de cette énième crise.

Cet éternel recommencement de crise bilatérale est dangereux à plus d'un titre. Le Premier ministre Netanyahu se sert de ces échanges armés pour diluer ou dissoudre une crise politique interne qui dure depuis de trop nombreux mois, une crise au sein de laquelle il ne parvient pas à constituer une coalition majoritaire. En s'engageant dans un nouvel affrontement avec la Palestine, bien que l'adversaire ciblé soit le Hamas, il cherche à séduire l'aile droite la plus dure de l'échiquier politique national, l'aile politique qui se veut intransigeante à l'égard du voisin palestinien. Il y a donc une part de calcul politique interne. Deuxièmement, en se positionnant de la sorte, les Etats-Unis sont en train de confirmer un bouleversement du fragile équilibre géopolitique qui avait été trouvé en amont avec les accords d'Abraham. Ces derniers scellèrent une reconnaissance diplomatique entre Israël et les Emirats Arabes Unis, ce qui augura après coup un nouveau dialogue entre Israël et l'Arabie saoudite. En affrontant le Hamas, Israël a jeté un froid au sein du monde arabe et les accords diplomatiques récents sont naturellement menacés mais le rôle campé par les Etats-Unis va peut-être obliger ces acteurs arabes d'accepter bon an mal an la situation.

Les problématiques du Moyen-Orient sont toujours aussi sensibles et paraissent plus que jamais menaçantes car au-delà de l'affrontement direct opposant Israël et l'autorité palestinienne, un effet domino peut être induit à tout moment, y compris le scénario qui verrait les puissances arabes se « désolidariser » des manœuvres diplomatiques amorcées par Donald Trump en vue de constituer un front commun contre l'Iran. Finalement, souvenons-nous que la politique étrangère américaine est depuis longtemps maladroite voire mal intentionnée. Doit-on évoquer les raisons qui poussèrent la patrie de l'Oncle Sam à engager un conflit armé en Irak au début des années 2000 ? Les raisons officielles invoquées étaient fallacieuses. Les Etats-Unis craignaient alors que l'Arabie saoudite implose de l'intérieur et que le royaume wahhabite ne soit plus en mesure d'assurer les besoins pétroliers américains. C'est alors que l'Administration Bush et les néo-conservateurs virent en l'Irak une solution à d'éventuelles pertes d'approvisionnements pétroliers en provenance d'Arabie saoudite. Le doute est par conséquent permis quant aux intentions réelles de Washington. Que cherche donc à faire l'Administration Biden ? Si l'intention est de provoquer un nouveau bouleversement géopolitique, le pari est non seulement risqué mais il est très probable que le risque ne soit pas maîtrisé. Le positionnement américain sur cette nouvelle crise israélo-palestinienne n'est pas ambigu. Il est parfaitement clair mais il va à l'encontre d'une résolution diplomatique des tensions. Le message est ainsi adressé aux acteurs qui ont traité avec l'Administration Trump (à l'exception d'Israël qui était pourtant très proche des cercles relationnels de Donald Trump et de son gendre Jared Kushner). Il est également manifeste qu'un message ait été envoyé en direction de Moscou et de Pékin en annihilant les chances de succès diplomatique au sein du Conseil de sécurité.

Nous le voyons bien, cette énième opposition israélo-palestinienne implique des intérêts extérieurs qui sont en train de se manifester ou tout simplement qui tendent à confirmer que le monde du XXIème siècle est définitivement multipolaire. En attendant, toute nouvelle crise majeure au Moyen-Orient peut laisser craindre le pire, c'est-à-dire le risque d'un étalement géographique des zones de crise et éventuellement le retour en force d'organisations terroristes qui pourraient à nouveau troubler à brève échéance la sécurité internationale. La résolution de crise par voie diplomatique est un art complexe et il arrive que l'issue diplomatique échoue, notamment dans les crises du Moyen-Orient. En revanche, en refusant la résolution de l'affrontement israélo-palestinien sous l'égide des Nations Unies, les Etats-Unis ont peut-être activé un Léviathan contre lequel il sera désormais encore plus difficile de lutter.

Pendant ce temps, les initiatives se multiplient en vue d'amorcer un mouvement diplomatique. La France a remis une résolution au Conseil de sécurité des Nations Unies tandis qu'au niveau régional, l'Egypte et la Jordanie s'activent et cherchent à œuvrer pour trouver un apaisement des tensions. L'ensemble du Moyen-Orient redoute le scénario d'un embrasement qui se répande sur une plus grande zone. Le 19 mai, pour la première fois, le Président Biden a appelé Israël à une rapide « désescalade ». Cet appel constitue le premier signe d'agacement de la Maison Blanche. Il s'agit en effet d'un signe d'agacement car le risque d'une dégénérescence incontrôlable est réel. L'enjeu du Président Biden est de veiller à ne pas créer de nouvelle dissension avec Israël autre que le désaccord sur l'Iran mais le Premier ministre Netanyahu s'est imposé en force, tant sur la scène nationale qu'internationale. Il aurait sans doute fallu que les Etats-Unis réagissent plus tôt et ne bloquent pas les discussions au sein du Conseil de sécurité. Tout cela fait partie d'un grand jeu diplomatique au sein duquel les grands acteurs de la diplomatie mondiale se jaugent et se testent. Par ailleurs, le blocage américain devant le Conseil de sécurité survient quelques temps à peine avant une rencontre au sommet Joe Biden - Vladimir Poutine qui semble en cours de discussion. Il faut donc y percevoir une volonté du pensionnaire de la Maison Blanche de montrer sa puissance avant de rencontrer son homologue russe. Nous comprenons ainsi les enjeux au cœur des préoccupations mais le positionnement américain a sans doute été principalement motivé par des considérations stratégiques et tactique qui ne nous apparaissent pas comme les plus opportunes. Finalement, il apparaît que la diplomatie onusienne semble inefficace et que celle de l'Union européenne a volé en éclat face à l'inconsistance d'une approche collégiale avancée par les institutions bruxelloises. Il existe en effet des désaccords sur l'appréhension de cette crise au sein des Etats membres et la France a ainsi pris l'initiative de déposer une résolution devant le Conseil de sécurité, institution dont elle est un membre permanent par ailleurs.

Nous ne pouvons pas achever ce billet d'humeur sans nous interroger sur la pertinence du positionnement américain qui est à notre sens très risqué pour l'équilibre déjà très fragile du Moyen-Orient. Nous nous rendons compte de la complexité des problématiques en jeu. Elles sont par ailleurs multiples. Ces conditions récurrentes font que toute nouvelle crise peut rapidement basculer dans une situation de défaut de contrôle, d'autant plus lorsqu'elle met aux prises l'Etat d'Israël et l'autorité palestinienne. Pour ce qui est de la diplomatie internationale, nous voyons bien qu'elle est paralysée ou parasitée par d'autres intérêts, notamment par ceux défendus par les plus grandes puissances politiques de la planète qui se testent mutuellement. C'est ainsi que nous posons la question : en n'intervenant pas dans un processus collégial visant à trouver une solution à la résolution de cette crise, les Etats-Unis ont-ils pris la mesure des risques qui peuvent à tout moment déborder et générer des conséquences fâcheuses à plus grande échelle ?

La réalité est que la diplomatie européenne ne se montre pas coordonnée sur le dossier tandis que les limites de l'action onusienne sont atteintes en raison de la volonté d'un Etat membre de son Conseil de sécurité de ne pas vouloir travailler collégialement sur l'établissement d'une résolution qui n'aurait d'ailleurs pas nécessairement abouti à un apaisement des tensions entre Israël et l'autorité palestinienne. D'autre part, si les Etats-Unis veulent afficher une volonté de montrer leur pouvoir d'influence sur la scène politique internationale, cette attitude risque toutefois de refroidir ou de décevoir leurs alliés traditionnels, ceux-là même qui avaient pris leurs distances avec Washington lors de la Présidence Trump. L'esprit collégial et d'ouverture au dialogue avec le reste de la communauté internationale peut ainsi être remis en question. Les Etats-Unis défendent une position qui ne se préoccupe pas directement des risques d'une escalade des tensions entre Israël et la Palestine. Leur véritable préoccupation porte sur les réactions que leur positionnement peut induire à Moscou et à Pékin. Le vrai signal était effectivement destiné à ces deux grande puissances politiques. Le problème demeure qu'il faille s'attaquer urgemment à un travail de sortie de crise qui n'est pas contenue et dont les conséquences peuvent s'éterniser et surtout s'étendre géographiquement. Le temps donnera peut-être raison à Joe Biden et à Antony Blinken mais notre sentiment global est celui d'une erreur d'appréciation car Washington essaye en définitive de comprendre les réactions de Moscou et de Pékin face à ce regain de tensions israélo-palestiniennes. Cela montre également combien le monde est divisé et que la confrontation d'intérêts antagonistes est nuisible pour toute forme de diplomatie ainsi que pour la sécurité globale. La diplomatie ne parviendra peut-être pas à solutionner la crise israélo-palestinienne car une victoire diplomatique repose sur la volonté et le consentement d'individus. En revanche, si la diplomatie échoue alors qu'il y avait la possibilité d'engager un dialogue qui n'aurait pas forcément débouché sur une issue victorieuse, il y aurait alors bien des regrets à nourrir… et de nombreuses questions en suspens quant au fonctionnement du Conseil de sécurité des Nations Unies qui deviendrait alors malgré lui, eu égard à l'esprit ambiant lors de sa création originelle, le conseil de l'insécurité mondiale.

***

Dans la nuit du 20 au 21 mai 2021, un cessez-le-feu fut finalement atteint et signifia l'abandon des hostilités entre le Hamas et l'Etat d'Israël. Pendant la dizaine de jours que dura la crise, plusieurs centaines de décès furent à déplorer côté palestinien et un peu plus d'une dizaine côté israélien. Le bilan humain est lourd. Quant aux conséquences politiques, le cessez-le-feu fut obtenu grâce à une intervention égyptienne appuyée par un coup de pression de Washington. Dans la foulée de l'accord obtenu, le Secrétaire d'Etat Antony Blinken annonça son intention de se rendre au plus vite au Moyen-Orient afin d'y

213

rencontrer les principaux leaders israéliens et palestiniens. Le déroulement des événements montre une fois de plus l'échec d'une coordination onusienne pour tenter de trouver une issue à la crise. A défaut de blâmer l'institution internationale basée à New York, c'est l'attitude américaine qui interpelle car le défaut d'action des Nations Unies résulte du blocage américain dès les premiers jours de la crise israélo-palestinienne. Il y avait une volonté manifeste de Washington de troubler le jeu et de contrarier la diplomatie onusienne : un message était ainsi adressé à la Chine, à la Russie mais aussi à l'Union européenne qui paraît toujours moins unie tandis que depuis l'effectivité du Brexit, seule la France représente désormais le club des vingt-sept au sein du Conseil de sécurité permanent des Nations Unies. Enfin, malgré les apparences, il semblerait que les accords d'Abraham d'août 2020 ne soient pas remis en question. En effet, les pays arabes semblent considérer qu'ils obtiennent davantage d'avantages que d'inconvénients dans leurs relations diplomatiques avec Israël depuis la signature des accords.

Voilà résumée en quelques lignes une synthèse de ce qui entoure l'obtention du cessez-le-feu : ne craignons pas de l'affirmer, bien que la diplomatie américaine compte s'investir rapidement sur le Moyen-Orient, de nombreuses questions demeurent en suspens. En effet, malgré la validité des accords d'Abraham et la fin des hostilités entre Israël et la bande de Gaza, nous ne pouvons pas nous empêcher de comparer le Moyen-Orient à un volcan supermassif proche d'une éruption extraordinaire. C'est bien là l'immense défi qui attendra Antony Blinken : faire triompher la diplomatie là où elle a largement échoué jusqu'à présent, à calmer et tranquilliser dans la durée une région condamnée à affronter des crises multiples, durables et humainement dramatiques. Les erreurs du passé ont assurément contribué à fragiliser toujours plus une région qui a validé ses frontières modernes au sortir de la Première Guerre mondiale mais qui n'a fait qu'augurer un désordre permanent, sans compter les déstabilisations politiques provoquées par des puissances étrangères qui n'ont fait qu'envenimer toujours plus un climat ambiant délétère. Nous souhaitons nous tromper mais la question qui s'impose est : combien de temps durera la trêve des hostilités ? De même, est-on certain que l'intervention armée d'Israël ne constituera pas à terme une vieille rancœur ressentie par ses partenaires diplomatiques arabes ?

La diplomatie et les relations internationales ne sont malheureusement pas des disciplines exactes. Tout peut évoluer à grande vitesse et prendre des orientations insoupçonnées. Pourtant, pour ce qui est des tensions moyen-orientales, nous sommes passablement convaincus que tous les efforts diplomatiques possibles ne suffiront pas à apporter une paix durable au sein d'une région minée par des contrariétés multiples, anciennes et terriblement tenaces. La haine est très ascendante par rapport à l'amour bien que des leaders politiques militent pour des solutions de paix. Il serait faux de croire que tout le monde « s'accorde » à vouloir guerroyer. Les peuples sont fatigués et meurtris par tant d'années de conflits et d'épisodes de paix trop éphémères. Pour autant, au regard des événements, une paix durable paraît illusoire à défaut d'être impossible. La paix impossible et la guerre improbable de Raymond Aron pendant la guerre froide pourraient à bien des égards se muer en paix possible et guerre probable pour le Moyen-Orient.

En effet, si les décideurs locaux parvenaient à s'entendre, rien n'indique que des divergences d'intérêts opposant les plus grandes puissances politiques mondiales ne vinssent pas remettre en question des efforts amorcés par les décideurs locaux. Dans un premier temps, il faudrait que ces derniers parviennent déjà à s'entendre sur un principe de paix durable. Nous venons de le constater : le positionnement américain au sein du Conseil de sécurité des Nations Unies a surtout mis en évidence une divergence de point de vue sur la manière d'appréhender la crise israélo-palestinienne. Il en ressort que ces atermoiements au sein du Conseil de sécurité résultent d'une stratégie étatique de faire valoir sa puissance diplomatique aux autres « grands » de ce monde. Les Etats-Unis manifestent désormais la ferme intention de prendre les relations israélo-palestiniennes à bras-le-corps, de montrer à la Russie et à la Chine qu'ils demeurent la puissance diplomatique dominante pour les problématiques du Moyen-Orient. Il appartient désormais à Antony Blinken de trouver les bons mots pour apaiser un contexte potentiellement explosif et de pouvoir affirmer que l'Administration Biden a mis en œuvre une diplomatie efficace dans une région où la diplomatie américaine a souvent voulu se montrer dominante mais où elle a surtout apporté la *fitna*. Bien qu'il ait souvent été contesté pour sa vision diplomatique très atypique, Donald Trump avait réussi là où ses prédécesseurs avaient échoué naguère : établir un dialogue et sceller un accord entre Etats traditionnellement peu animés d'intentions amicales les uns envers les autres.

Victoire de l'ultraconservateur Raïssi en Iran
Juin 2021

C'était un scrutin très attendu par la communauté internationale : l'élection présidentielle iranienne dont le premier tour se tint le 18 juin 2021. Si le scrutin est normalement organisé sur deux tours, l'ultraconservateur Ebrahim Raïssi obtint près de 62% des suffrages exprimés dès le premier tour, remportant ainsi l'élection et succédant à Hassan Rouhani qui ne pouvait briguer un troisième mandat présidentiel. Le principal fait marquant fut la forte abstention qui confirme une fois de plus le malaise ambiant qui règne en Iran entre les partisans, certes nombreux, des religieux et des ultraconservateurs tandis que les autres espèrent un changement de gouvernance et la fin de l'ère des héritiers de la Révolution islamique de 1979. Le malaise est d'autant plus grand que le pays souffre de sévères sanctions économiques qui visent à étouffer le régime qui parvient pourtant à maintenir un cap de gouvernance politique immuable. Nombreux sont les Iraniens qui ont quitté leur pays pour vivre sous d'autres cieux une expérience de vie qu'ils espèrent meilleure ailleurs. Quant à ceux qui ne peuvent pas quitter leur pays, ils protestent en refusant d'aller voter. C'est ainsi qu'Ebrahim Raïssi a largement remporté l'élection présidentielle qui intervient quelques jours à peine après les réunions du G7, du sommet de l'OTAN de Bruxelles et de la première rencontre organisée entre les Présidents Biden et Poutine. Cette élection survient également dans un contexte géopolitique global tendu, en particulier au Moyen-Orient où les tensions sont plus vives que jamais. En attendant de comprendre ce que le nouveau Président iranien compte mettre en place comme diplomatie, les premières impressions laissent plutôt entendre que le Président Biden verra sa volonté de renouer le dialogue avec l'Iran se heurter à un problème de poids : Ebrahim Raïssi suscite de nombreuses craintes chez ses rivaux régionaux, contexte qui peut lui donner la tentation de maintenir à leur égard un discours hostile. Cela reviendrait à compliquer les souhaits diplomatiques américains et ferait le jeu diplomatique de la Chine et de la Russie. Quant au dossier nucléaire, rien n'indique que le nouvel homme fort du régime soit enclin à vouloir relancer un dialogue brutalement rompu par Donald Trump tandis que les autres parties tentèrent malgré tout de trouver un terrain d'entente avec Téhéran.

Bien que plus d'un électeur sur deux ait refusé de se rendre dans les bureaux de vote, Ebrahim Raïssi a bien remporté l'élection. Le taux d'abstention fut effectivement de 51,2%, un record depuis l'établissement de la Révolution islamique. Les réactions dans le monde sont très révélatrices de l'état de la diplomatie à l'égard de l'Iran : le résultat de l'élection n'a fait que confirmer les sympathies ou les alliances de certains Etats tandis que d'autres fustigent naturellement la victoire des ultraconservateurs. Deux pays n'ont pas caché leur satisfaction : la Turquie et la Syrie. Ankara et Damas ont effectivement commenté en des termes très amènes la victoire d'Ebrahim Raïssi. Pour le Président Erdogan, cette victoire est *« bénéfique pour le peuple iranien »*, une manière sans doute de se manifester après avoir fait montre de discrétion lors du sommet de l'OTAN de Bruxelles qui s'était tenu quelques jours auparavant. En communiquant de la sorte, il montre aux autres membres de l'OTAN qu'il entend poursuivre la diplomatie qu'il souhaite, sans se soucier des avis extérieurs. Quant à Bachar el-Assad, il a adressé ses chaleureuses félicitations au vainqueur, estimant que le résultat électoral était sans doute une excellente nouvelle en vue de la poursuite de la lutte contre les pressions extérieures. La réaction du Président Poutine est plus subtile mais constitue manifestement un message adressé à ses rivaux occidentaux : *« les relations entre nos pays sont traditionnellement amicales et de bon voisinage. J'espère que vos activités à ce poste élevé contribueront au développement ultérieur d'une coopération bilatérale constructive dans divers domaines, ainsi que de notre partenariat dans les affaires internationales. »* [20]

Quant à l'Etat d'Israël, le résultat du scrutin est clairement fustigé. Il fut rapidement dénoncé des manipulations électorales qui ne reflètent vraisemblablement pas la réalité de la situation selon Jérusalem. Il était effectivement attendu qu'Israël ne voie pas d'un bon œil une victoire ultraconservatrice qui va sans doute perpétuer des relations diplomatiques compliquées entre les deux pays. Enfin, la réaction du fils du dernier Chah d'Iran a de quoi interpeler lorsqu'il déclare sur les réseaux sociaux que le peuple iranien a fait montre *« d'unité et de solidarité »* en *« boycottant et en disant non au régime autoritaire iranien. »* [21] Il s'agit sans doute d'une question d'interprétation et d'appréciation mais à défaut d'interpréter le fort taux d'abstention comme une action concrète menée contre les gouvernants du pays, nous l'interprétons davantage comme une lassitude exprimée et un désintérêt qui ont été clairement exprimés par une partie de l'électorat. Globalement, rares sont les acteurs internationaux à avoir salué la victoire d'Ebrahim Raïssi. Cela laisse augurer de nouvelles années pendant lesquelles l'Iran va sans doute poursuivre une diplomatie délicate avec le monde occidental. C'est l'impression globale qui s'en dégage. Quant au peuple iranien, nous ressentons surtout une forme de dépit chez ceux qui n'ont pas souhaité exprimer leur voix dans les urnes.

---

[20] *« Les principales réactions internationales à l'élection de Ebrahim Raïssi en Iran »*, www.ouest-france.fr, 19 juin 2021
[21] *Ibidem.*

Tensions, incertitudes et Covid
Mai 2021

La fin du premier semestre 2021 s'inscrit dans la continuité de ce que fut le millésime 2020 : un grand capharnaüm global qui ne cesse de croître. Pour ce qui est de la crise sanitaire, il semblerait y avoir du mieux depuis que plusieurs vaccins inondent le marché mondial. Alors qu'on pensait enfin prendre le dessus sur ce mal qui frappe la planète depuis un an et demi, voilà que de nouveaux variants font leur apparition et que le corps médical s'interroge sérieusement sur l'efficacité des vaccins commercialisés contre ces nouvelles formes de Covid. Le variant indien est effrayant en raison des dommages observés sur les patients. Il semble plus contagieux et agressif. La crainte porte naturellement sur une rapide propagation à l'échelle planétaire et que de nouvelles fortes perturbations soient occasionnées en matière sanitaire mais aussi au niveau économique. Cela serait une contrariété de plus alors qu'il en existe déjà tant d'autres ! La fin des hostilités israélo-palestiniennes repose sur un équilibre précaire. Tout nouvel événement est susceptible de mettre une nouvelle fois le feu aux poudres.

Aux Etats-Unis, le Président Biden passe à l'offensive avec une demande de rapport exprimée auprès des services de renseignement pour déterminer l'origine véritable de la Covid-19, manœuvre ayant pour but de mettre un grand coup de pression sur la Chine mais qui ressemble à y regarder de plus près à une opération « une pierre, deux coups ». En effet, l'idée consiste également à exposer l'Administration Trump face à d'éventuelles turpitudes passées… Que savait-elle réellement ? Aurait-elle intentionnellement caché des informations ? Il faut donc s'attendre à ce que les résultats fournis par les agences de renseignement soient à l'origine du déclenchement d'hostilités à l'égard de la Chine ou du clan Trump voire des deux en même temps. Il n'est effectivement par exclu d'imaginer que les résultats fournis par les services de renseignement abondent dans le sens d'une vérité largement cachée par Pékin et qui affirmerait que l'origine véritable de la Covid provient bien d'un laboratoire ; d'autre part, que le Président Trump, en son temps, aurait eu vent d'informations qu'il n'aurait pas communiquées ou bien qu'il ait volontairement répandu des *fake news* sur le sujet à la seule fin de renverser le cours d'une campagne électorale qui lui était alors défavorable.

Pour ce qui est des nombreuses incertitudes, il est difficile de dresser une liste exhaustive de ce que nous pourrions qualifier « d'anomalies au bienêtre mondial ». Nous pouvons par exemple citer le cas de l'Iran qui retient prisonnier quelques Occidentaux avec des soupçons d'espionnage. C'est peut-être le cas. De même, ce n'est peut-être pas le cas et il s'agirait d'une stratégie politique visant à faire pression sur la communauté internationale en réaction des sanctions économiques strictes que Téhéran subit et espère voir allégées au gré des futures négociations relatives au dossier nucléaire. Pendant ce temps, la stratégie iranienne consiste à faire pression pour mieux faire entendre sa voix et montrer une fermeté annonciatrice d'une volonté de ne pas s'attabler avec les autres parties au dialogue dans la position d'une victime expiatoire. L'Iran entend bien faire valoir ses arguments et ne céder à aucune pression extérieure. Le message a déjà été adressé à Washington… Lorsque nous évoquons l'Iran, nous ne pouvons pas nous empêcher d'évoquer le pétrole. Souvenons-nous de cette terrible crise financière subie par le secteur pétrolier en mars et avril 2020 alors que la pandémie Covid-19 commençait à se répandre dans le monde entier. Depuis lors, les prix d'échange sont remontés et oscillent depuis plusieurs mois entre 60 et 70$ pour le baril de Brent.

Pourtant, un tel niveau de prix d'échange n'est pas satisfaisant pour la plupart des grands producteurs mondiaux qui souhaiteraient pouvoir vendre à un prix supérieur. Le problème est que le cartel de l'OPEP souhaiterait aussi pouvoir enclencher une nouvelle phase de production tournée vers la hausse. Cette envie est compréhensible mais voilà qu'une ombre plane sur le marché pétrolier global : le variant indien !

Pendant ce temps-là, nous assistons également à une grande cacophonie sur les marchés financiers internationaux. Pendant la crise sanitaire, les entreprises les plus puissantes dans les hautes technologies ont enregistré des bilans records et leurs principaux actionnaires ont vu leur fortune personnelle bondir. Pourtant, bien que l'évolution des bons du trésor américain sur dix ans ne semble pas annoncer de crise financière en devenir, l'ambiance globale générée par la Covid a somme toute déréglé quelque chose : une certaine folie s'est emparée du monde avec une hyper-spéculation frénétique qui s'est emparée de nombreux individus qui agissent avec les marchés financiers comme si la découverte d'or dans une rivière allait déclencher une nouvelle ruée. Nous pensons par exemple aux cryptomonnaies qui, pour certaines, ont le vent en poupe et voient de nombreux individus tenter leur chance en misant quelques économies dans l'espoir de les voir surmultipliées en un temps record. Pour le coup, certains ont pu réaliser de bonnes affaires et ne se plaindront pas d'avoir investi au bon moment. Ils profitent ainsi d'un effet d'aubaine inespéré ou récoltent les fruits d'une stratégie mûrement planifiée. D'autres ont enfin perdu gros en investissant au plus haut, misant sur une poursuite d'une montée des prix d'échange alors que les cours ont subitement dégringolé. Pourtant, l'évolution des cours des cryptomonnaies ne répond pas à une simple logique d'offre et de demande. Nous nous rendons compte qu'il suffit de peu pour influencer les prix d'échange à la hausse ou à la baisse. Le grand patron de Tesla a fait office de gourou pour le Bitcoin en décidant d'investir beaucoup sur cette valeur et de proposer aux clients Tesla de payer leurs achat de voiture dans cette cryptomonnaie... L'effet fut fulgurant et le Bitcoin atteignit alors une valeur record. Quelques jours plus tard, l'effet inverse se produisit lorsque le même Elon Musk déclara ne plus vouloir proposer les paiements en Bitcoin en invoquant une raison surprenante : cette cryptomonnaie pollue trop ! Il est entendu qu'Elon Musk sait parfaitement comment sont générés les Bitcoins... Pourtant, ses paroles sont si précieuses qu'en quelques mots, il est capable de mettre les marchés financiers en émoi. Il fait partie d'un cercle très fermé d'individus disposant de ce pouvoir.

Pour le commun des mortels, cette période est nébuleuse. Il est difficile de comprendre ce qui nous entoure et d'accepter les décisions qui sont prises alors qu'elles ne paraissent pas cohérentes ou bien qu'elles fassent appel à des restrictions de liberté. Prenons l'exemple de cette idée de passeport vaccinal. Nous comprenons la volonté des Etats de permettre à leurs administrés de pouvoir se déplacer plus librement, de retrouver une vie normale, que l'économie retrouve également un cours normal. Pourtant, l'idée de ce passeport est mal perçue car aux yeux de nombreux individus, il s'agit d'une manière à peine déguisée de forcer chacun à aller se faire vacciner malgré toutes les polémiques nées autour de la confection des vaccins en un temps record. Très explicitement, beaucoup n'ont pas confiance car les autorités politiques n'ont pas su faire montre d'une bonne communication au plus fort de la crise sanitaire. Il y eut un ballet incessant de télescopages d'informations contradictoires qui donnaient une double impression : premièrement, cela tendait à faire croire que les autorités dirigeantes étaient dépassées, désemparées voire incompétentes face à la réalité de la situation. Deuxièmement, que des mensonges d'Etat avaient été soigneusement diffusés auprès du plus grand nombre pour cacher des informations qu'il fallait tenir secrètes. Toutes ces incertitudes et contradictions ont contribué à alimenter des fantasmes populaires qui ont surtout marqué une incompréhension grandissante entre décideurs et administrés. Bon nombre d'administrés ont atteint un seuil de ras-le-bol en raison de tous les préjudices subis : perte d'emploi, de revenus, changement des conditions de travail avec la promotion accrue du télétravail, liens sociaux en berne ou encore tout un tas d'états psychiques qui se sont dégradés en raison de cette expérience de vie douloureuse pour beaucoup et qui espèrent enfin apercevoir le bout du tunnel. La Covid n'a pas uniquement causé des décès. Elle a causé beaucoup de dommages collatéraux. Plus la crise sanitaire durera et plus grandes seront les chances d'un élargissement du fossé entre élites dirigeantes et les administrés qui supporteront de moins en moins des décisions pour lesquelles ils dénonceront des incompréhensions voire des incohérences, fussent-elles fondées ou non. Le risque est de générer un effet automatique où toute nouvelle décision sera critiquée.

En Europe, des élections nationales vont prochainement se tenir en Allemagne en 2021 et en France en 2022. Elles offriront peut-être un nouveau paysage politique à Berlin et à Paris mais également à l'Union européenne (UE) qui compte beaucoup sur la relation franco-allemande qui fait office de locomotive dans l'ensemble des vingt-sept depuis que le Royaume-Uni s'est effectivement retiré après de tumultueuses négociations survenues après le référendum sur le Brexit. Le Brexit n'a sans doute pas encore livré toutes ses conséquences fâcheuses. Nous pensons notamment au souhait exprimé par les dirigeants écossais de vouloir réintégrer l'UE. Il s'agit d'un cas épineux parmi d'autres. Dans un autre domaine, lorsque nous évoquons le Royaume-Uni et l'UE, comment ne pas évoquer les relations diplomatiques tendues avec la Russie ou la Turquie ? Considérant ces deux pays, l'opinion occidentale est différente.

Pour ce qui est d'Ankara, de nombreuses interrogations subsistent concernant les véritables intentions du Président Erdogan qui sait mettre le monde occidental en émoi pour différentes raisons. S'il joue avec le feu, il sait également contrarier les plans de l'UE mais également ceux de l'OTAN. Il est également capable de jouer sur le tableau des relations ultra-fluctuantes avec la Russie. Avec son alter ego Vladimir Poutine, ils entretiennent des relations tumultueuses qui ne sont guère surprenantes au regard des stratégies déployées par l'un et l'autre.

En revanche, pour ce qui est des relations de la Russie avec le monde occidental, la situation est particulière dans la mesure où elle est désignée comme l'ennemi facile. Il est facile d'imputer de nombreux maux à la Russie, tantôt fondés et parfois plus douteux, d'entretenir des relations compliquées avec Moscou là où personne ne se risquerait à agir de la sorte avec la Chine. Que la Russie et le monde occidental entretiennent des relations complexes, c'est indéniable. Que la Russie ait lancé des campagnes de cyberattaques, cela semble être effectivement le cas. Cependant, dans tous ces reproches adressés à l'égard de la Russie, il existe une réciprocité. Il est presque amusant de voir comment les Etats-Unis s'échinent à présenter la Russie comme une menace pour le monde alors que le véritable rival américain est assurément la Chine, pays avec lequel la Russie entretient des relations de méfiance réciproque. Lorsqu'on compare les budgets de défense américain et russe, le coefficient multiplicateur est quasiment de l'ordre de dix en faveur des Etats-Unis. Le budget de la défense chinois est quant à lui trois fois supérieur à celui de la Russie. Il ne faut pas sous-estimer les intentions russes mais il serait sans doute bon d'apaiser quelque peu l'entretien de relations diplomatiques qui rappellent sans cesse la guerre froide. Aux yeux des Etats-Unis, la Chine incarne certainement une menace d'un autre niveau que celui représenté par la Russie. Moscou n'est pas en mesure de contester le leadership américain sur le *hard* et le *soft power* mondial comme Pékin peut désormais le faire. Il convient de se poser les bonnes questions. Est-ce que ce que nous venons de décrire appartient au monde du hasard ? Probablement pas. Il existe un lien, une logique qui appartient à un cénacle très restreint d'individus qui règnent sans partage sur les autres, qui s'allient ou s'affrontent, laissant le plus grand nombre spectateur d'un contexte global qui n'a jamais paru aussi tendu depuis longtemps.

Nouveau variant de Covid-19, nouvelles inquiétudes
Novembre 2021

Près de deux ans après l'apparition ou plutôt la médiatisation de la pandémie Covid-19, le premier enseignement porte sur le fait que malgré les campagnes de vaccination menées sur tous les continents, cette forme de coronavirus continue de frapper à grande échelle et de faire des victimes. Deuxièmement, sa survivance perturbe également beaucoup de monde puisque certains Etats ferment à nouveau leurs frontières ou bien se prononcent pour des mesures internes qui ne manquent pas d'alimenter des polémiques et soulever des questions portant notamment sur des droits fondamentaux. Ainsi, le gouvernement autrichien souhaitait s'orienter vers une politique de confinement temporaire des individus non-vaccinés. Cette envie fut rapidement abandonnée au regard de l'interrogation suivante : peut-on exiger d'un individu non-malade de rester chez lui ? En somme, l'affaire Covid continue d'empoissonner l'existence des pouvoirs publics qui se retrouvent à nouveau contraints de prendre des décisions qui ne raviront pas tout le monde. La France a ainsi opté pour une solution plus subtile : réduire la durée de validité des tests antigéniques ou PCR. Au-delà de l'aspect médical et sanitaire, le variant dit Omicron est sur le point de provoquer une nouvelle grande vague d'inquiétude. Dans le domaine de la grande distribution, il se murmure que le prix de nombreux produits va prochainement augmenter en raison de problèmes d'approvisionnement qui vont renchérir les coûts de transport. De même, les prix d'échange du pétrole qui, ironiquement, furent au plus haut pendant la COP 26 de Glasgow depuis plus de trois années, commencent à être impactés par les craintes portant sur le variant Omicron. Fin novembre 2021, en quelques jours à peine, les prix d'échange du Brent avaient chuté de plus de 10%.

L'apparition du variant Omicron n'est évidemment pas une bonne nouvelle. D'un point de vue sanitaire, il est malheureusement à prévoir qu'il continue de sévir et de faire des victimes. Quant à l'économie mondiale, elle va sans doute subir les conséquences d'un ralentissement du dynamisme économique qui est en train de prendre forme. Outre les difficultés économiques, cette période inconfortable risque surtout de faire ressortir des tensions internationales. Lorsque les conditions économiques deviennent plus compliquées, c'est généralement le moment où les rivalités s'exacerbent. Le contexte ambiant est lourd. La grande inconnue demeure la sempiternelle question : pendant combien de temps cette pandémie va-t-elle continuer à troubler le monde ? Dans cette réflexion, il est certain que nous n'apporterons pas de réponse à cette question. En revanche, l'idée est plutôt de chercher à déterminer ce que risquent d'être les conséquences d'un nouvel épisode pandémique qui suscite autant de craintes. En effet, plus cette crise sanitaire perdurera et plus les conséquences économiques risquent d'être fortes. Nous gardons en tête cet épisode malheureux de mars et avril 2020 lorsqu'au sortir d'une concertation infructueuse au sein de l'alliance OPEP +, les prix d'échange du pétrole avaient littéralement dégringolé pour aboutir à cette situation inouïe, quelques semaines plus tard, lorsque ces derniers se retrouvèrent à un niveau négatif. En d'autres termes, les détenteurs de stocks durent théoriquement payer des acquéreurs pour se délester de leur pétrole, témoin de ce déséquilibre flagrant au sein duquel l'offre surpassa largement la demande mondiale. Il est trop prématuré pour imaginer un tel scénario dans une version bis repetita. De même, il est probable que les circonstances qui aboutirent à ce contexte aussi extrême ne se reproduisent plus. Cela étant, plus la crise pandémique durera et plus les marchés financiers s'exposeront à des fluctuations négatives.

Un nouveau saut vers l'inconnu

Il s'appelle Omicron. C'est par cette appellation que le nouveau variant se fait désormais connaître et terrorise le monde. Il inquiète beaucoup. Alors que nous sommes en pleine campagne de vaccination, une question s'impose : les vaccins seront-ils efficaces contre ce nouveau variant ? Les pouvoirs publics s'interrogent. Que faut-il faire ? Dans certaines juridictions, il a déjà été décidé de reconfiner une partie de la population, de restreindre des libertés de mouvement afin d'éviter une propagation rapide du virus et de limiter les risques de survenance de nouveaux drames. Le télétravail refait surface. La durée de validité des pass sanitaires se voit réduite afin de sensibiliser les populations à la vaccination. De même, certains faits divers défrayent la chronique comme ce match de football du championnat portugais où une équipe se présenta sur le terrain avec seulement neuf joueurs valides, ce qui donna lieu à de nombreuses réactions négatives et critiques quant au non-report de la rencontre. Il s'avère que de nombreux joueurs de l'équipe de Belenenses avaient été affectés par le variant Omicron. Au-delà des interrogations sanitaires, un doute subsiste : comment gérer économiquement cette nouvelle vague qui va sans doute s'abattre sur le monde ?

Beaucoup d'Etats se sont déjà lourdement endettés pour affronter les vagues précédentes. Leur santé économique en a pâti. De même, de nombreuses entreprises s'inquiètent et craignent une cessation définitive de leur activité. Quant aux marchés financiers, après avoir été auréolés par des performances historiques, l'état de grâce semble s'estomper. Les marchés pétroliers dégringolent à grande vitesse. A l'orée du mois de décembre, le cours du Brent vient de connaître des jours inquiétants. Le 30 novembre, le baril de Brent s'échangeait à hauteur de 71 $ contre 85 $ quelques jours plus tôt, notamment pendant la COP 26 de Glasgow où il avait atteint un pic inédit depuis une période antérieure à la crise Covid-19. Le variant Omicron déferle sur la planète et une impression de déjà-vu prend forme : va-t-on assister à une nouvelle baisse prononcée de la demande mondiale en matières premières ?

La nécessité d'une bonne communication institutionnelle

Ce scénario est d'autant plus crédible qu'en Europe occidentale, de nombreux biens de consommation ont vu leur prix augmenter dans d'importantes proportions. En France, le prix de l'électricité a connu un bond de plus de 20%. La hausse des prix est également valable pour l'essence et de nombreuses denrées alimentaires. Cette variation des prix s'explique notamment par les difficultés d'approvisionnement rencontrées par les transporteurs. Des pays s'inquiètent d'une possible pénurie de certains bien de consommation. En d'autres termes, l'inquiétude est de mise dans un contexte global d'incertitude à court terme. En France, les décideurs publics s'inquiètent d'autant plus de ces mauvaises nouvelles que 2022 sera une année électorale. Une accumulation de mauvaises nouvelles à l'approche des fêtes de fin d'année n'est évidemment pas réjouissante pour ces décideurs publics. Pourtant, il leur faut prendre leurs responsabilités et décider. C'est précisément ce qui est en train d'être mis en place par le gouvernement français au regard de l'apparition du variant Omicron. Le plus difficile demeure la communication institutionnelle : faire accepter des décisions pour le bien de l'intérêt général. Or cette mission est ardue dans la mesure où la France, à l'instar de nombreux autres pays, souffre désormais depuis près de deux ans de cette crise sanitaire dont beaucoup ne voient pas d'issue à court terme. C'est bien là que le bât blesse : combien de temps tout cela va-t-il encore durer ? La communication institutionnelle est dès lors essentielle pour faciliter l'acceptation des décisions par le plus grand nombre.

Il est difficile de prodiguer de bons conseils aux décideurs publics car nous sommes tous confrontés à cette crise sanitaire depuis trop longtemps. Pour les administrés, le sentiment qui prédomine est celui de la lassitude. Quand tout cela va-t-il prendre fin ? Quand pourrons-nous à nouveau retrouver une vie normale ? Quelqu'un en a-t-il une idée précise et fondée ? Les autorités publiques n'ont pas d'autre option que de reconnaître qu'il nous faut apprendre à vivre avec cette forme de coronavirus qui mute régulièrement. Le problème est que ces dernières ne dégagent aucune assurance dans la gestion de la crise sanitaire. Les pouvoirs publics semblent en effet démunis face à la résistance de la Covid malgré l'intense campagne mondiale de vaccination. De plus, plus la crise sanitaire durera et plus le ressenti de l'opinion publique à l'égard des décideurs public sera négatif. Il oscillera entre l'incompétence et la suspicion de mensonge ou de rétention d'informations. En d'autres termes, c'est le lien de confiance entre les élus politiques et leurs administrés qui risque de pâtir d'une longue prolongation de la crise sanitaire. Les administrés sont lassés du débat portant sur l'opposition « vaccination-anti-vaccination » pour lequel les autorités publiques entérinent des décisions qui sont mal acceptées. Lorsque les pouvoirs publics dénoncent l'attitude des individus qui refusent la vaccination, le plus grand nombre demande que ces derniers communiquent de manière plus claire et transparente sur la réalité de la Covid-19. Jusqu'à preuve du contraire, dans les systèmes démocratiques, l'acteur politique élu doit normalement rendre des comptes à l'électorat qui lui a accordé sa confiance. Que les décideurs aient tout simplement l'intégrité de reconnaître leur impuissance actuelle plutôt que d'opter pour une communication qui martèle inlassablement les mêmes messages qui ne convainquent plus la majorité.

GLOSSAIRE DES ABREVIATIONS

AFP : Agence France-Presse
AIE : Agence Internationale de l'Energie
AQMI : Al-Qaïda au Maghreb Islamique
CIA : Central Intelligence Agency
CO2 : Dioxyde de carbone
CEDEAO : Communauté Economique des Etats de l'Afrique de l'Ouest
DoJ : Department of Justice
ESG : Environnement, Social et Gouvernance
FBI : Federal Bureau of Investigation
GAFA : Google Amazon Facebook Apple
GAFAM : Google Amazon Facebook Apple Microsoft
GES : Gaz à effet de serre
GIEC : Groupe d'Experts Intergouvernemental sur l'Evolution du Climat
GNL : Gaz Naturel Liquéfié
GPL : Gaz de Pétrole Liquéfié
INSEE : Institut National de la Statistique et des Etudes Economiques
KYC : Know Your Client
NFT : Non-Fungible Tokens
NRA : National Rifle Association
OBOR : One Belt, One Road
OMC : Organisation Mondiale du Commerce
OMS : Organisation Mondiale de la Santé
ONU : Organisation des Nations Unies
OPEP : Organisation des Pays Exportateurs de Pétrole
OSC : Organisation de la Coopération de Shanghai
OTAN : Organisation du Traité de l'Atlantique Nord
PDVSA : Petróleos de Venezuela, SA
PME : Petites et Moyennes Entreprises
TEP : Tonnes Equivalent Pétrole
TNP : Traité de Non-Prolifération
UE : Union Européenne
URSS : Union des Républiques Socialistes Soviétiques
WTI : West Texas Intermediate

9 798428 538427